時給800円の
フリーターが3年で
年収1億円
に変わる起業術

MATSUDA, Gen
松田 元

KKロングセラーズ

はじめに

本書は、『時給800円のフリーターが3年で年収1000万円に変わる仕事術』の続編である。起業をテーマにした書籍について、幾度となく執筆を依頼され、断ってきた。理由はシンプルで、万人に該当する起業術など、ないからだ。

サラリーマンから起業する。親の家業を継いで起業する。一攫千金を狙って起業する。自己資金で起業する。ベンチャーキャピタル（投資会社）から資金を調達して起業する。『起業』と一言でいっても、そのパターンは無限にあり、そして言うまでもなく、業界・市場によって、ビジネスモデルも違えば収益率も異なる。

これをすれば絶対に儲かる、という触れ込みは嘘だ。なぜなら、起業家、市場、時代、人脈、運、その他様々なファクターによって、成功条件は異なるからだ。

ゆえに、こうすれば絶対にうまくいく、という起業論はありえない。

それでも、だ。起業をすることは、商売をすることと同義である。商売の基本は、入金を増やして出金を減らすことだ。

商売をする、とは、経営をする、ともいいかえられる。『経営の神髄とは、経理と営業である』、と著者は考える。

要するに、営業をして入金を増やし、厳しく経理をして出金を減らせば、商売はうまくいき、発展的に儲かっていく。

これは、前提条件が無数に存在する不確実な起業の世界において、唯一不変の真理であり、時の洗礼に耐えぬいた法則だ。

○○をすれば絶対に儲かる、なんて手法は存在しない。それでも、最低限これを抑えればつぶれる確率を限りなくゼロに近づけることができる、という手法はある。

スタートアップ、ユニコーン、バリュエーション、バイアウト。昨今、メディアは聞きなれぬカタカナを駆使し、若者を躍らせている。

誰もが起業し成功できる、誰もが大金持ちになれる、という幻想を抱かせ、起業をムーブメントの一つとして取り扱っている。

起業がブームになり、起業家が増えることは、産業隆盛、引いては国力に直結する素晴らしいことだ。

一方で、商売の原理・原則は入金を増やし出金を減らすことで利益を生み続けることのはずだ。

メディアに出た、資金調達をした、ユーザー数が増えた、という些事をニュースリリースに乗せることはおめでたいことだが、実際に数字を上げ、利益を積み増し、立派な企業体になる会社はどれほどあるのか。恐らく〇・一％にも満たないだろう。

数字（利益）を生まない会社を増やすことは、ある種の犯罪的行為であり、その行為は社会のガン細胞を増殖することにつながってしまう。

起業はそんなに甘くない。失敗を回避する法則はあるが、それとて一〇〇％の保全は効かない。

スタートアップバブルの崩壊が近い今こそ、縁あって起業家という生き方を選択した人には、可能な限り生き残り、収益を上げ、社会に資する存在となってほしいと切に願う。

メディアや周囲にあおられ起業し、取り返しのつかない失敗をして、他責を繰り返し、妬み・恨みに染まる人生は悲しい。

著者は高校を三日で中退したのち、時給八〇〇円のフリーターからキャリアをスタートさせ、紆余曲折の経験を経て起業家として生きる道を選択した。

泥水をすすりながら、血尿を出しつつ二〇歳で創業した会社は、三年目で年商一億円を超え、今は複数の関連法人と共に、発展的に一三年目を迎えることができた。

五年ほど前の話ではあるが、代表権も後進に引き継ぎ、経営体制も無事に、世代交代を迎えることができた。

五年生き残る会社は一〇％、一〇年生き残る会社は三％に満たない、と言われている。商売は厳しい。起業とは究極のストリートファイトであり、武器でも兵器でも何でもござれのアルティメットだ。

いつ死ぬか分からない究極の極限状態においては、全神経を研ぎ澄まし、ストリートスマートな判断を行い、幾多の修羅場をくぐりぬけていく必要がある。

地獄の釜を何度も開け、時に死神と契約をし、必死にあがき、見出した解が、少なくともこの一三年は結果的に正しかったことがわかった。

著者のつたない経験ではあるが、この経験が、読者の皆様が起業するにおいて、お役立ちできればとてもうれしい。


前著は、主に二〇代、三〇代の読者を中心に、大変な反響をいただき、心から感謝している。あの本に書いてあることを全部やったら年収一億円はいくだろう、というお声も多数いただいた。

一方で、表現が過激すぎる、ブラック企業を礼賛しているのではないか、という叱責も一部いただいた。それだけ多くの方にご覧いただいたということは、大変ありがたいことだ。

前著に反省し、本書では表現をオブラートに包むことにした、と言いたいところだが、残念ながら前著のテーマが仕事術であるのに対し、本書のテーマは起業術だ。

起業の実態は甘いはずがなく、万人受けするぬるい表現でその本質を紡ぐことはできない。起業をすると、時に三六〇度全方位から経済的暴行を受け、絶望に打ちひしがれ、地獄にたたきこまれるような体験が伴う。

巷にあるスマートでクリーンな起業本と違い、本書ではお金の味に始まり、人間の本質、裏切りと盗みといった、起業の負の側面にも真っ向から向き合い、その上で、どうすれば適切なマネジメントが有効かを書いてきた。

起業をして長生きするタイプの人間は、エリートではなくデスペラード（ならず者・無法者）だ。

賢いだけではだめで、強くなければ勝てない。勝てなければ死ぬだけだ。ゆえに強くなってほしい。その思いがゆえに、過激な表現が随所に展開されるかもしれないが、どうか起業の実態を表すことを目的としているがゆえと、読者の皆様にはご容赦いただきたい。

さあ、覚悟は良いだろうか。それではともに絶望の旅を楽しもう。

ようこそ起業のヘルロード（地獄道）へ。

《本書の構成について》

本書に書かれているすべての知識は、本来、誰もが義務教育として受けるべきものだ。この知識をすべて学校で学んでから、社会にでるべきものである。リーダーとして、経営に携わろうとするものはもちろんのこと、一生サラリード（サラリーマン）として暮らす人にも必ず必要なものである。

本書のテーマは、起業である。起業＝経営とした時に、著者はその本質を、経理と営業である、ととらえている。

セールス（マーケティング）とファイナンス。この二つを極めたものは、起業の女神に微笑まれる。

よって、本書の構成の主軸は経理と営業であることを念頭においていただき、その補完的知識として、日本の社会システム、人間学、が存在する、ということをご理解いただきたい。

本書のロジック展開上、以下の順番で起業術を論じていきたいと思う。

また、テーマごとに理解力を深めていただく目的で、練習問題を設けている。あえて解答を記していないが、読者の皆様が実際に起業するイメージを高めていただくためにも、是非取り組んでいただきたい。

(1) 日本の社会システムについて

起業家たるもの、ゲームのルールを熟知する必要があるため、ルールメーカーである日本の社会システムについて、まずもってよく理解しておかなければならない。ゲームには常にルールがあり、ルールの成り立ちを理解し、ルールをすみまで熟知し、ルールを活用できるプレイヤーのみが、ゲームの勝者たりえるのだ。

具体的には、一．年金、二．保険、三．税、四．為替、五．政治、六．法律、七．経済、などがあげられる。

(2) 財務・会計について

起業の世界に入ると、サラリーマンと会話する機会が劇的に減り、常に強敵と遭遇することになる。

その多くは、経営者であり、取締役であり、上級管理職である。経営責任者と対等に渡り合う交渉を行えるようになるためには、ビジネスの基本中の基本である、財務・会計知識は必ず身につけておかなければならない。

また、財務・会計をしっかりと身につけておくことで、起業家個人のファイナンシャルリテラシーも高まる。

金銭的自由を手にするためにも、財務・会計知識というのは必須項目である。

(3) セールス・マーケティングについて

起業家たるもの、セールス・マーケティングをしっかりと極めなければ話にならない。繰り返しになるが、商売の基本は入金を増やし、出金を減らすこと。

人体を例にとり、キャッシュ（現金）が血液だとすると、セールス・マーケティングは、全身に血液を送るポンプの役割を果たす。つまり心臓である。

セールス・マーケティングは起業の心臓だ。そのことをしっかりと頭に叩き込んでほしい。

セールス・マーケティングのファンクションが欠けた企業は、一〇〇%に近い確率で、近い将来倒産する。

(4) 人間学について

人を導き、人を動かし、世界を変えるためには何より人間学が大切である。リーダーとして、マネジメントとして、最も大切な人間学も必ず身につけておかなければならない。

2

常に遭遇する強敵と対等に渡り合えるよう
財務・会計はしっかり身につけよ

3 創業時も、危機の時も、大きくする時も 金融の知識は最重要

4 セールス・マーケティングを極めよ

全身に血液を送る企業の心臓

5 人を導き、人を動かし、世界を変えるために
人間学は何より大切

❶

ゲームのルールを知る必要があるから

日本の社会システムをよく理解せよ

◆日本の財政状況を知らないと話にならない

日本国の国富は三、〇〇〇兆円

七年ほど前の話になるが、二〇一〇年度の予算案は、戦後初めて新規国債（国が国民に借金するときに発行する債券）の発行額が税収を上回るという悲惨な状態になってしまった（つまり毎月の給料より支払いの方が多い状況）。

予算の半分以上を借金で補うという異常事態が持続可能なはずもなく、いずれ何らかのハードランディング（強攻策・強奪）は不可避であると思われる。

日本の社会システムを理解するためにも、まず日本の現状についてデータをよく知っていて欲しい。日本で起業するなら、自分の国の実情を知らないと話にならない。

まず、日本国の国富は三、〇〇〇兆円ほどである。国富というのは、土地や建物や機械やソフトウェアなどの非金融資産の合計であり、国債や株式や現金などの金融資産は、国全体で見ると相殺されるので含まれてはいない。

例えば、現金や国債は所有者にとっては資産だが、国にとっては借金となる。株式は、会社にとって負債となる（個人が一〇〇万円国債を持っていたとしても、国が個人に一〇〇万円借りているのと同義であるため、プラスマイナスゼロということ）。

金融資産および負債は、個人金融資産の概算が一、八〇〇兆円（正確には一、八三二兆円）。内訳は、預金が九四五兆円、保険や年金の積立金が五二〇兆円、株式・債券が三一五兆円である。一方で、住宅ローン等の個人金融負債が三一七兆円となっている（個人金融資産には個人事業主の事業資金も含まれているので、実際の個人金融資産はさらに少なくなる）。民間法人の金融資産（預金・株式・債券など）は一、一六六兆円（うち、預金が二五四兆円）。それに政府の金融資産が五六四兆円というところである。つまり、個人と民間の金融資産を合計すると約三、〇〇〇兆円、これに、政府の金融資産が五六四兆円あるとされている。

債務は一、三〇〇兆円

さて、問題の債務であるが、昨今の報道にもあるとおり、国と地方の長期債務残高が一、〇〇〇兆円を優に超えた。それに加え、マスメディアでは公表されていないが、特殊法人等の債務が三〇〇兆円超あると言われており、これを合わせると、国全体の長期債務残高は一、三〇〇兆円超と推定される。

そしてもちろんのこと、これらの債務は債券によって調達されているわけだが、その所有者の内訳ははっきりとはわからない。

しかし国債に関していえば内訳がわかっていて、保有内訳はおよそ、日銀が四〇%、銀行が二〇%、生保・損保が二〇%、海外が一〇%、年金が五%、個人が一%、というところである。

これがそのまま一三〇〇兆円の内訳とすると、日銀が五二〇兆円、銀行が二六〇兆円、生保・損保が二六〇兆円、海外が一、三〇兆円、年金が六五兆円、個人が一兆円ほど拠出していることになる。

結局、個人と民間企業の金融資三、〇〇〇兆円のうちの六〇%程度は（銀行などを通じて）間接的に国債等の債券を購入していることになる（つまり、個人、民間企業の金融資産とされているうちの六〇％が実は国民から借り入れた国の借金でした、ということ。私達は国にとって、最大の債権者でありスポンサーなのだ）。

政府の金融資産は五六四兆円、実質的には取り崩せない

さて、政府の金融資産は五六四兆円ほどあるが、これは実質的には取り崩せない。年金の基金と外貨準備が主であるが、年金基金を取り崩すと年金制度が崩壊するし、外貨準備はドルで持っていて円に転換できないので（転換しようとするとドルが暴落してしまう）こちらも（米国からの恐ろしい圧力もあり）絶対に無理である。

日本では、毎年予算編成時には国会を通す・通さないと、マスコミをあげて大騒ぎするが、肝心の決算はなかなか発表されない。そして毎年予算が実績と大幅に変わる。補正予算のない年は、ない。

※毎年、国債の発行残高が六〇兆円位ずつ増えている。予算のときは三〇兆円台だのというのに、実際の発行残高は予算のときよりずっと増えているのである。

現在のGDPは五〇〇兆円

これらの公益債務一、三〇〇兆円には、当然、利息がかかる。およそ一〇兆円の金利負担増があり、これはさらに国債の形で借金するか、その他の税金でカバーするしかない。現在のGDPがおよそ五〇〇兆円（税収はたったの五〇兆円）ということを考えると、国が正式に発表している債務が、GDPのなんと「二倍」ということだ。

しかも、現在の国民の預貯金が九四五兆円、企業の預貯金が二五四兆円であることを考えると、現在すべての資産を差し押え（ハードランディング）したところで一〇〇兆足りない。かなり危険水域であり、このような国は、過去すべて破綻している（ギリシャ、アルゼンチン、韓国など）。

本書のテーマではないので詳述を避けるが、円建て国債が日本国内で吸収されているから国債の暴落がない、という論は嘘だ。日本国内で円建て国債が吸収される最大の要因は、国債がリスクフリーアセットとして評価されているので、日本国債をいくら引き受けても、BS（貸借対照表）上リスクを計上する必要がないからである。

極論であるが、日本国債の格付けを意図的に下げ、リスクアセットに振り替えた瞬間、日本国内の金融機関は国債の引き受けをできなくなり（自己資本比率の低下に直結するため）、日本国債の引き受け手はいなくなる。そうなれば、事実上破綻に等しい事象が起こる。

国の財政破綻

もちろん、これはあくまで国の財政破綻であって、国の破産ではない。国は、国民が居る限り国民が担保であり、国民の資産を、税金かインフレかの方法で収奪すればよい（韓国が破綻した後のＩＭＦ介入がよい例である）。その後、デノミネーション（ハイパーインフレを起こした後に新円発行する政策）という手がオーソドックスだ。仮想通貨の誕生が、その証左である。おそらく、仮想通貨は、デノミの目的でつかわれることになるだろう。

問題は、デノミが、日本国内だけでは済まず、世界に影響を及ぼす点だ。そうなると当然為替は円安にふれる。インフレで円資産は目減りする。日本に資産を置いておくだけで、実質、資産が減っていくのである。それを避けるには、海外に資産を疎開、分散させるか、あるいは日本で事業を拡大させ、外国人を誘致し、外貨を稼ぐ事業を持つ（起業する）こと以外に生きる道はない。

多くの日本人は、日本がこれまで安全な国であると認識し、事実、世界を旅行しても円高であった。日本という国民性（パスポート）を、世界中の国々が受け入れてくれたことに感謝しなければならない。

安全な国でなくなった日本

しかし、ここ一〇年、日本はそれほど安全な国ではなくなった。自殺率は増え、不安は募り、通り魔のような突発的殺人が増え、官僚は国民の税金を使い放題、無駄遣いする。

一方、財源が減ったという理由で年金の支給額を減らし、支給開始年齢を引き上げ、健康保険も負担をどんどん引き上げている。その上、公的保険料（年金など）、消費税、嗜好品（たばこ）税を上げ、扶養控除をはずし、国民の生活を圧迫するようになってきている。

どんどん金持ちが出ていくタックスヘイブン

本当は、税金をたくさん払ってでも国家に貢献をしたいのだが、この官僚型政治のありさまを見ると、とうてい税金を納める気持ちになれないため、金持ちがどんどんタックスヘイブンに出てしまっている（もちろん、国民の三大義務として、日本国憲法において「納税」が定義されているために、どんな形にせよ国民としては税を払わざるを得ないが）。

しかも、このままなら、今持っている資産価値もどんどん減少してしまうのである。当然、資産を防衛しなければならない。その防衛策も、残念ながら日本ではできない。だから知恵を絞り、コストをかけてでも、外貨を獲得する事業を構築（起業）し、世界視野で資産を運用し、海外に事業展開を行っていく以外に手がないのだ。

日本円を受け取るだけの起業など、意味がない。どうすれば外貨を安定的に獲得できるのか、そこに真剣に向き合った事業以外は生き残れない。そんな時代が来ているのだ。

今の官僚制度に不満と憤りを感じているなら

このままなら、日本の没落と一緒に我々の資産も沈没してしまう。日本で資産を保全しておくならば、将来、日本の財政再建に役立つ資産すら失われてしまうのだ。日本の財政が破綻しても国家は残る。国家を再建するには資金が必要である。

我々は愛国者である。だが、官僚行政システムを愛する者ではない。今の政府、今の官僚制度に対して不満と憤りを感じている愛国者であれば、社会機構をイノベーションし、日本を救うための「平成維新」を起こさなければいけない。革命は、常に民衆から起こるのだ。

練習問題

- **この厳然たる事実を踏まえ、あなたなりの日本国再建のプランを教えて下さい**

◆会社についての基礎知識

資本主義のルールの中で最も強力な武器は会社という存在

さて、イノベーションを巻き起こす事業を進めるに当たって、必ず知っておかなければならない知識がある。それは会社という存在について、である。

会社を創る（設立する）という行為は、お客様への信用のため（または国の法律で、会社組織でないとできないビジネスもあるため）でもあるが、**一番重要なメリットは、税**である。

二〇一七年現在は、二〇〇六年五月より施行された新会社法により、有限会社という形態がなくなり、すべて株式会社に統合され株式会社の最低資本金制度も撤廃されている。

前述したとおり、資本主義というゲームで勝つためには必ずルールを徹底的に熟知しなければならない。現在明かされている資本主義のルールの中で、最も強力な「武器」は会社という存在である。

自らに有利なゲームを創るためには、会社という「武器」を身につけるのが手っ取り早い。その会社に関して、設立に関する手続きは以下の通りである。

(1) 会社設立(通常の株式会社を前提としている)

1 **設立趣意書**……なんのために、どんな事業を目的として会社を設立するかを書く(会社名も決める)。自分で紙に書いてみる。実際には、これがなくても設立できる。

2 **事業目的**……これを書いて、司法書士(行政書士)に登記手続きを頼みに行く。別に自分でやっても良いが、電子認証のおかげで、頼んだほうが安くなった。

3 **役員**……取締役三人以上、監査役一名以上が従来は必須だったが、現在は法律が改正され、取締役会を設置せず、一人代表でも会社が創れるようになった。

合同会社を設立する場合であれば、発起人がいればよい。

4 **株主**……誰が資本金(株式)を持つのかを%で決める。自分の思い通りにしたいなら形の上でも六六・六%、2/3以上、自分の名義にすること。

※新会社法により合同会社(LLC)にすれば、出資額によって配当を決めなくて、自由に配当を決

める方法もある。

5　会社の実印……はんこ屋で作ってもらう。

2、3、4が決まれば、司法書士（行政書士）事務所へ行く。もちろん余計な経費をかけるのがもったいなければ、自分で行ってもよい。また、銀行にも話をし、口座開設の手配を行うこと。

※登記する住所は、自宅でもよい。事務所住所と違ってもOK。

6　司法書士（行政書士）に頼めば法務局（各地区にある）で登記手続きをすべてやってくれる（印紙代含め、四〇～五〇万円ばかりかかる。安いところに頼めば二五万円前後）。

7　発起設立の場合……発起人名義あるいは設立時代表取締役名義の普通預金口座に資本金を振り込んだ後この事実を記帳した通帳のコピーを、募集設立の場合は資本金を銀行（今後、取引しようと思う、近くて便利な銀行）に持って行き、「保管証明」をもらって、これを司法書士（行政書士）宛に持って行った日に、登記申請が始まる。

早ければ二～三日で法務局から、会社の「登記簿謄本」がもらえる。これを銀行へ一通もち込めば、その場から資本金が自由に使えるようになる（資本金を人に借りた場合は、ここで返済すればよい）。ただし、会社の貸借対照表（一三七頁参照）に計上すべき、資産となるものを必要とする。

(2) 会社設立で大切なもの・こと

1 会社の定款《ていかん》……自分の会社の憲法みたいなもの。憲法を変えるためには、登記印紙（税）が発生するため、よく考えて憲法を制定しなければならない。

2 代表取締役の印……（実印）登記した印鑑が、印鑑証明の印鑑である。代表者の人格の分身のようなものであり、なくしたら拾得者に何をされるか分からない。命の次に大切にすべきものと認識すべし。

3 基本ファイル……　大事な書類を保管するために定款・謄本・議事録（株主総会、議事録、取締役会議事録）・各届出書（税務署、社会保険庁など）・契約書などをそれぞれ色分けしてファイリングをすると便利でよい。

4 役員報酬……社長（代表取締役）とその他役員の年間報酬の限度をきめてある。少なくしたかったら、司法書士に定款を作る前（設立申請の前）に言うこと。後で修正するのは面倒くさいしお金がかかる（毎回、登記内容を変更するには、印紙（税）

が必要なのだ）。

5　会社の決算月……事業をいつ区切り（一年の）とするかを決める。初年度は、短期（一二カ月未満）決算となる。多くは三月決算にすることが多いが、裏技を使いたければ、決算月は三月にしない方がよい。

(3) 会社法（二〇〇六年五月から施行された「会社法」）について

以前は『商法の第二編』にあったものを、二〇〇六年から新法として施行した。

【旧形態】
- 株式会社
- 有限会社、合名会社、合資会社

【新形態】
- 株式会社
- （持分会社）
  - 合同会社（日本版ＬＬＣ）
  - 合名会社
  - 合資会社

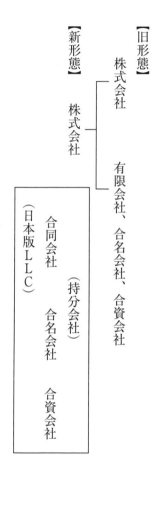

※すでにある有限会社はそのまま存続可能
※有限責任事業組合（二人以上の構成員：日本版ＬＬＰ）もＯＫとなった。コラボレーション、コソーシング（拙著『レジリエンス経営のすすめ』参照）を行う上では、必須の組織形態である。
※合同会社は海外ではＬＬＣ（Limited Liability Company）一人で設立できる。
有限　責任　会社
※ＬＬＰは（Limited Liability Partnership）二人から設立可能。
有限　責任（事業）組合

一見すると、日本国民の起業の選択肢が増えたように見えるのだが、事業を大きくスケール（成長）させるには、多くの資本を集められる、株式会社が断然有利である。表面上のルールにだまされてはならない。

結局、資本を集められる株式会社が最も信用を得られるのに、何ら変わりはない。

(4) 株式会社について

株式会社とは、株式を発行することによって事業資金を集め、それを元手に活動して利益をあげることを目的とした会社のことである。株式会社に資金を提供する出資者は株主と呼ばれ、言い換えれば、株式会社とは株主で構成された会社ということができる。

世界最初の株式会社は、一六〇二年に設立された、オランダの東インド会社といわれている。当時、香辛料や、ガラス細工、絹織物といったアジアの品物や製品がヨーロッパでは非常に人気があり、アジアから仕入れることができれば、大もうけすることができた。そのため多くの人がアジアを目指すようになった。

しかしアジアまでの航海には往復で二年以上もかかった上に、大きな船やたくさんの船乗りを雇わないといけなかった。常に、大量の資金が必要であったのだ。

その上、航海術も発達しておらず、嵐に遭うと沈没したり、海賊に襲われるなど多くのリスクも背負っていた。

そこで、一人で大金を出し航海を行うのではなく、「みんなで少しずつお金を出し合い航海する」ことにし、儲けたお金を全員に分配することにした。これが株式会社の由来である。「みんなで少しずつお金を出し合う」ことは、つまり、「全員で少しずつリスクを分散する」ということである。この仕組みが発達したおかげで、多くの人が『航海ビジネス』に参加することができるようになった。

※東インド会社は最盛期の一六六九年には、戦艦四〇隻、商船一五〇隻、兵士一万人を擁し、一六〇二年～一六九六年で、同社が支払った年間配当（利回り）は、おおむね二〇％以上、時には五〇％を

超えることもあったと言われている。

(5) 株式会社の特徴

1 従来存在した有限会社のメリットを引き継ぐ、小規模経営の株式会社のパターン

※(株式譲渡制限)の株式会社

①取締役は一名以上

②取締役会は設置しなくてよい

③取締役の任期は最長一〇年(定款に記載必要)

④監査役は設置しなくてよい

※小規模な会社設立のため「発起設立」が可能。資本金は「通帳記載」でOK。

2 従来と同じ、規模が大きい会社を想定している「募集設立」の株式会社のパターン

①「払込金保管証明書(銀行でもらえる。資本金が払い込まれた証明書)」が必要

②会社設立後に、創立株主総会を開催することが必要

③(株式譲渡制限)をしない会社「募集設立」の場合は、取締役三名以上が必要で、必ず取締役会の設置が義務付けられる。そして監査役(一名以上)の設置も義務付けられる。

※発起人だけでなく、広く出資者を募集して株式を一部、または全部を引き受けてもらう。パブリックな会社になることを前提に創られる株式会社、と理解するとよい。

(6) 株式会社をとりまく人たち・委員会

1　株主総会……開催のために、株主へ総会召集通知を出さなければならない。株式会社のオーナーが集まる、最も重要なイベント。
経営者（起業家）としては最強にプレッシャーのかかる場。鬱になるものも多数。著者は今でも株主総会ときくと戦慄が走る。ある種のトラウマだ。

株主総会の決議要件は、脳髄に叩き込むほどよく覚えていた方がいい。

株主総会の種類としては、以下のものがある。

①創立株主総会（募集設立の株式会社に必要）
②定時株主総会（決算報告、年一回必要）
③臨時株主総会など（随時）

2　株主総会の普通決議……株主の議決権の過半数の出席、出席議決権の過半数の賛成で決議。具体的な決議事項は以下。

①取締役の選任（普通決議）三名以上必要（取締役会設置の場合）、任期は二年
②事業計画書の承認（普通決議）
③監査役の選任（普通決議）一名以上必要（取締役会設置の場合）、任期は四年

3 株主総会の特別決議

株主総会の特別決議……株主の議決権の過半数の出席、出席議決権の2/3以上の賛成で決議。具体的な決議事項は以下。

①監査役の解任（特別決議）
②譲渡制限付きの株式の取引（特別決議）
③自己株式の取得（特別決議）
④第三者割当増資の実施（特別決議）
⑤資本金の減少（特別決議）
⑥定款の変更（特別決議）
⑦役員などの一部責任免除（特別決議）
⑧M&A関連（特別決議）

4 取締役

取締役（取締役会設置の場合三名以上必要、任期二年）

〈取締役の責任〉

取締役は、法令及び定款並びに株主総会の決議を遵守し、会社のために忠実にその職務を行わなければならない。会社法上、極めて重い責任を負う。

〈過失責任〉

職務怠慢や注意不十分によって会社に損害を与えた場合は、その損害を賠償する責任を負う（責任が、著しく重い）。株主代表訴訟を起こされたらほぼ確実に負けるほど、社会に対する責任は重い。ゆえに、友達の会社だからと言って、安易に取締役を引き受けないこと。地獄を見ます。

〈取締役の選任〉

株主総会の普通決議で選任される。解任も普通決議で決まる。株式譲渡制限会社の場合は、株主に限り取締役になれる、としてもよい。株式譲渡制限しない会社（公開会社）は、株主でない取締役が選任できる。

5 監査役（取締役会設置の場合一名以上必要、任期四年）

監査役は、業務監査と会計監査の二つの権限を有する。取締役の仕事に関して、株主総会決議などの違反がないか、社内外で不当な行為をしていないかなどをチェックする権限を業務監査権限という。

※監査役の選任は株主総会の普通決議、解任は特別決議（監査機能を外すのは難しいのだ。ある意味、代表取締役より力がある。その分監査責任は、重い）。

7 会社ができたら……

会社謄本（会社の基本情報がすべて掲載されている公的書類）ができたら、実印と謄本と（謄本のコピー）を持って、以下の届けを出さなければならない。

1 税務署へ届けを出す。

- 年間売上げが一、〇〇〇万円以上で五、〇〇〇万円以下の見込みなら、消費税の「みなし課税」の申請もあわせて済ませておく（後述、税の項目参照）。

2 職安（ハローワーク）へ届けを出す。

- 社員を雇うなら、職安（ハローワーク）で手続きが必要。
- 雇用保険（いわゆる、失業保険）会社を辞めたとき、失業したとき、職安から失業給付（月給の六〇％）をもらうため、本人と会社の両方が毎月負担するもの。金額はたいしたものではない。
- 外国人の場合は、失業保険はもらえないので、掛けることはしない。よく調べて雇うこと。

・厚生年金手帳や職安の雇用保険カードは、手続きした後、会社で預かるか、退職のとき、これを本人よりもらって手続きする必要がある。

3　社会保険庁へ届けを出す。

・自分（社長）ひとりでも厚生年金に加入したい場合、月額報酬を決めてから、社会保険庁へ厚生年金の手続きに行く（月額報酬が少なければ少ない程、保険料は安くすむ。よく、考えること）。

練習問題

●あなたが会社の代表者になったつもりで、設立趣意書を自由に書きなさい

●株主と取締役の間で起こりうる問題を自由に書きなさい

●その問題を解決させるための施策を自由に書きなさい

【社会保険および年金制度について（七三頁以降を参照）】

（七三頁以降を参照）

社会保険制度は、社会保障の良い国ほど、その負担は大きい。国民のみんなで助け合う互助制度であるから、よく知っておく必要がある。海外ではソーシャルセキュリティーナンバーが振られており、日本とはまた違った社会保険制度（健康保険）がある。昨今ではマイナンバーが話題となった。生きる人の立場（価値観）によって良い悪いが決まるので、負担を好まない人は、海外で生活するのも一つの選択となる。

日本では、会社勤めの人は、厚生年金、健康保険に（半）強制加入される。勤めていない人は、国民年金、国民健康保険に加入する。日本に居住している日本人、外国人は、年金を支払う義務が、二〇歳の誕生日から（六〇歳まで）生じる。

支払いたくなければ、ひとつの方法として海外転居届を役所に提出して、海外に行けば、住民税も年金も支払わなくてもよい。

【国民健康保険について】

ほとんどの人は健康保険証がないと医者にかかれないと思っているが、当たり前の話で健康保険証がなくても医者にはかかれる。そう考えると、健康な人は、年間に自分の給与から天引きされた分と、勤め先の会社が支払う分で半分ずつ、毎月健康保険料を支払っていることになり、その額は給与上昇と共に毎年増加している。

年収五〇〇万円程度の人でも年三〇〜五〇万円も支払っているのである。三〇〜五〇万円も支払った上に、病院へ行けば、また三割の追加負担をしているのである。よく考えたら馬鹿な話で、若い頃であれば、最初から保険に一切入らないで、一〇〇％の医療費を支払った方が、医者にかかる頻度を考えれば得をすることの方が多いだろう。『国民皆保険』という言葉にだまされ思考停止するのではなく、読者が毎月、高い保険料を支払った上にさらに三割の追加料金を支払っている実態を、しっかりと知らねばならない。

◆会社設立後、準備すべきもの・こと

さて、会社設立手続きが完了したら、運営をスムーズに行っていくためにもいくつかの書類・ルールを整備しなければならない。最低限必要なものを以下に説明する。

1　会社ソフト……弥生会計・勘定奉行などが有名である。パソコン会計ソフトを購入し、創業間もない頃は、自分で取引明細を入力すること。なお、エクセル等で、帳簿・決算書類を自分でも作成することもできるため、必ずしもソフトを使う必要はない。

ちなみに、著者は、今でもP／L（損益計算書）、B／S（貸借対照表）、C／F（キャッシュフロー計算書）をすべてエクセルで作成している（決算書類は税理士へ依頼している）。

2　請求書……市販のものを文房具屋で買うか、またはパソコンで作る。いつ（日付）を

締め日として相手に請求し、いつを入金日として処理をするか、を考えておかなければいけない。相手の締め日に合わせるか、自分の締め日でよいのか。お金の支払日に関係するので、キャッシュフローと直結する。よく考えて決めなければならない。

海外取引では、商品の送付明細として Invoice を添付する。これが請求書となる。請求明細には、納品日・数量を記入し、単価と金額を記入合計して、その上にＶＡＴ（Value added tax、付加価値税。日本で言ういわゆる消費税）も加えて請求額とする（中国の場合は、請求書ではなく納品書ですべてを済ませている。少々特殊な税がからんでいるので、形式が違う）。

3

納品書……市販のものを文房具屋で買うか、またはパソコンで作る。サービス業ではあまり見かけないが、メーカーやソフトウェア業などではよく見かける。

こういった業種では「モノ」として何かを納めることになるから、お金をいただくにも納品書（Delivery Receipt、ＤＲ）がないと、いつ（日付）、何（モノ）を、いくつ（数量・単価）納めたのか、分からなくなる。必ず控えをコピーして手元に置き、請求締め日に請求書と合わせて納品書を出すのが一般的。

4　見積書……市販のものを文房具屋で買うか、またはパソコンで作る。商品・サービスがいくらくらいのものになるのか、を見積もるための公式書類である。

5　領収書……市販のものを文房具屋で買うか、またはパソコンで作る。香港・中国・フィリピンなどといった海外には、Official Receipt（公式領収書）がある。日本でいう、飲み屋などでもらえる領収書のことである。

振り込みによる支払いであれば、振り込み控え・通帳の履歴が領収・支払証明となる。あまり知られていないが、現金の受領の証明をするのであれば、自分の名刺の空欄に日付・金額を記入し、印またはサインをすれば領収書の代用となる。

金三万円以上は、収入印紙が必要となるが、三万円以内は収入印紙がかからない。様々な工夫の仕方（技）があるのであまり気にしなくてよい。

6　旅費交通費精算書……市販のもの、またはパソコンで作る。ちなみに通勤費、という概念は日本独特のものである。

国際感覚で言えば、会社を選び、その会社に通うのは自分の都合であり、それが遠かろうが近かろうが会社には関係のない話である。よって通勤費支給はない。日本は横並びで通勤費支給が多いが、本来、一定額以上は支払わなくてもよいし、あるいは、支給なし、と決めてもよい。

支払う場合は、旅費交通費で計上する方が税制上よい。

7　スクラップブック……受け取った領収書（銀行振込控え）などを貼るためのブック。あると便利である。

8　就業規則……ネット上にモデルケースが多数落ちているので、それを参考に作っておく。労働時間はなるべく長い方が、経営者にとってはいいに決まっている。しかし、労働基準法を完全に無視してはいけないので研究を要する。

格好をつけずに、従業員と交渉し、契約すればよいので、週休二日などとせずに、隔週土曜日出勤、または、土曜日も出勤とできればそうする方がよい。お客様が休みでも、普段できない仕事は山ほどある。

お客様のためにサービス品質を向上させれば従業員の給料も上がるのだし、サービス品質が下がれば会社が倒産し従業員は路頭に迷うのだ。

休みを多くすれば、人間は怠けるに決まっている。充分に休んで疲れをとって仕事をすれば能率が上がるというのはウソ。ワークライフバランスというのも大嘘も大嘘（前著『時給800円のフリーターが3年で年収1000万円に変わる仕事術』参照）。

人間は環境に順応する能力があるので、休みが長ければ休みの体質になり、効率、能率とも上がらないのが当たり前である。

というか、そもそも働くということも遊ぶということも同じ人間の行動であり、どちらの側面からその行動を見ているか、というだけの違いである。

遊ぶように仕事を楽しめ、仕事をするような遊びが楽しめる、そんな会社が経営者にとっても従業員にとっても理想であるし、なにごとも横並びである必要は全くない。

自分たちのオリジナリティのルールを作っていくことが大切である。

本やネットには、大した用がなくとも社長が出社するだけで士気があがる、などとあるが、あんなものもウソである。正しい組織のあり方から考えれば、社長は社長としてやるべき仕事が無限にあり、それを優先しなければならないのだ。

極端な話だが、社長は出社しなくてもきちんと会社が回る良い組織を創り、間違いが起こらないように気配りをすればよいのだ。

そして従業員は、社長の役割と責任を理解し、自らの役割と責任の範囲で組織を支えながら、毎日成長するべきなのだ。

人を雇うというのは、人を甘やかすことではなく、仕事をさせて、その対価（やりがい、お金、成長）で報いる。それが会社である。それが雇用契約である。まちがっても、家族と同じ扱いはしてはいけない。

「温情は仇となり、厳しさは信頼となる」を忘れないこと。

人というのは元来怠け者であり、休みが多い方を好むように勘違いされているが、休みが多くないと採用できない（人が来ない）というのもウソ。

そもそも、休みが多いから来る、というような、そんなぬるい奴はいらん。

しっかりとしたリーダーが、共感性の高い理念をうちたて、独創的なビジネスモデルを創り、正しい組織のルール（就業ルール）を設計し、人を育て、成長させ、トンネルの先の光を見せ続けるようなマネジメントができていれば、厳しくとも人は辞めないし、人は集まるのである。

9　出張規定（国内及び海外出張規定）……これも、ネットや本にたくさんのモデル事例が落ちている。経費関連の規定で言えば、最も細かく、面倒臭い。

しかし、逆に言えばしっかりと規定を整備させておきさえすれば、工夫ひとつで、管理は簡単になるし、節税にも効果的に活用できる規定である。

しっかりとした規定さえあれば、すべて旅費精算書で整理するだけでＯＫとなり、細かい領収書など必要ないように記載することが可能になる。

なお、一例であるが、著者の経営していた営業会社の場合、営業員の数が多くなり、経営者が一人で管理できなくなることもある。

その場合は、非課税の範囲内（出張規程と照合の上判断）で本人に管理させ、毎月月末に申告させる、というのも手のひとつだ。

社内旅費規程そのものを自己管理によって提出させるというフローに変更すればよい。経営者が、こんな旅費の計算に大切な時間を取られるほど、馬鹿なことはない。こんな細かいことで、税務署もガタガタ言いやしない。納税のためだけに会社経営をしているのではないので、そこは堂々と費用計上すればよいのだ。

例……国内出張であれば一律二万円／日　海外出張であれば一律三万円／日。それぞれの出張の定義はコレコレ、この場合には経費として認めない、といった明確な定義を規定する。

10　賃金規定……（社員がいる場合）……ネット上にたくさんのモデルケースがある。

給与体系など、ある程度はその国の習慣にしたがう必要はあるが、本来、経営者自らがこういう体系にしたいという考えで創案し、それを納得の上、雇用契約するのがよい。基本給を「基礎給プラス加給」と分けて賃金規定を作る会社が多いが、賞与や退職金の計算を基礎給ベースとするため、得と思うが、本来、人はもらえる額が大切で誰も計算式を喜びはしないのだから、簡単に基本給一本でよい。

11　賃金台帳と給与明細……ネット上に落ちているものを使えばよい。

特に規定のフォーマットがあるわけではないので、自由な形式で創ればなんの問題もない。

練習問題

●あなたなら、どのような点に気をつけて就業規則（会社のルール）を創るか

【「日給月給制」と「月給制」について】

給与の支払い形態には、「日給月給制」と「月給制」の二種類がある。

① 日給月給制とは……アメリカのブルーワーカーが支払われる週給制や工場労働者の給与体系であって、一時間あたりいくら、といった形で、労働時間を基準として賃金を支払うやり方である。

残業や休日出勤など、一・二五増やし、一・三五増やしと、労働基準法に明確に定義されている。

時間で仕事の進捗・品質を計れる業種のものであれば、「日給月給制」を活用する方が管理をしやすい。

「日給月給制」を適用すると、毎月、出勤日の変動によって給与は変動する。全体の予算を月間の勤務日数×労働時間で割って時間単価を決めるか、逆に時間単価を決めて積み算するかによって、フィーを算出する。

② **月給制**……サービス業を始めとする第三次産業が発達した現代の仕事は、知的労働や営業職が多いので、単純に投下した時間だけでは仕事の質を計れない。

時間に関係なく、また、出勤日数に関係なく、月いくら払うと決め、残業時間もみなし残業として含めてしまう方法。

マネージャー（管理職）などもこの方法で給与を支払われる。マネージャーになると残業手当は一切出なくなる。日本だけでなく、海外も同じスタイルである。

③ **手当**……通勤手当、役職手当、職務手当、扶養手当、住宅手当、（コミッション）歩合など、様々な種類がある。

基本的には、旧時代のもので、現代は仕事の対価を公平に賃金とする方法がよい。

セールス（営業）のようにコミッション（歩合）、もうけの％、売上げの％という方が分かりやすい。

名前（手当の名称）を変えても、従業員の名前で支払う限り、その本人の個人所得になるので、源泉税の対象となってしまう（通勤費に関しては、通勤手当とせずに、通勤費とすることで、経費として計上ができる）。

額面給与は、会社にとっても個人にとっても、できるだけ安いにこしたことはない（なぜならば法人には源泉徴収税の準備金を積み立てるという義務が発生するし、個人には高い住民税・所得税・社会保険料がかかってくる）。

格好をつけず、会社が誠実かつ真摯に従業員を教育し、従業員の手取額が最も多くなる方法で雇用契約を締結する方がよい。

支払いかた一つで、手取り所得が相当に違うことをよく知っておくこと。

【人を雇うということについて】

人（従業員）を雇うのは、なかなか難しい。まず、年上であっても雇用主と従業員との立場は、はっきりしていることを、知らなければいけないし、知らせなければならない。

会社の経営スタンスや従業員に対する姿勢を伝えるためにも、従業員と（雇用契約以外に）基本的な契約を交わしておくことも大切なことである。労働時間や成果で、「私らが稼いでいる。私らが会社を支えている」という従業員は、共産主義みたいな考え方で、こんな者は大変困った存在となるので気を付けなければいけない。

こういう風土が広まった場合には、原因となった中心人物（従業員）を即首にすべきである。

そもそも「私らが稼いでいる」という主張は間違いである。

雇用主である経営者はまず、理念を持って勇気ある一歩を踏み出し、会社を設立し、商品を企画・設計し、納品ができるようにするために設備投資をし、お客様をゼロから探し、銀行へ借入するには連帯保証を出し、と、フルリスクを取り、すべての責任を負わされて、仕事ができる環境を整備したのである。

従業員はその仕事をこなすことのために雇われただけである。「私は月にこれだけ会社に儲けさせているのだから、もっと給料ちょうだい」と言う者は、たとえ大事な戦力でも、他の従業員に与える影響が多すぎるので辞めてもらう方がよい。

どこの国でも同じだが、「従業員にやる気を出してもらう」というのは大変難しい。人はお金だけでは動かない。給与をたくさん払っても一生懸命働くのは最初のうちだけで、長い目で見たら仕事は良くならない（できない）。

最初に給与をたくさん与えても、しばらくするとその水準が「当たり前」になり「もっと下さい」、ということになるのが普通である。

人に過剰期待してもダメであり、他人に期待するなど経営者の甘え以外の何者でもない。従業員が正しい考え方を理解できるようになるためには、経営者自らが考え方を伝え、教え、育てる以外にない。与えても、与えても、給与「だけ」で一生懸命働こうと思う者（従業員）はいないのである。

人が自ら頑張って仕事をするようになるのは、自らリスクを取り、自らの采配で意思決定ができるようになる真の自由を獲得できた時のみである。

例えば取締役になる、例えば自分で考えた新規ビジネスを立ち上げてみる、など、そこまでチャレンジングなレベルに育ったら話は別だが、経営レイヤーまで思考できない、あるいはリスクを取る度胸のない従業員には、大きな期待をしてはいけない。

世の中には様々、良い本や言葉がある。経営幹部人財になるためには、人・組織に関する本はたくさん読み、人間の「こころ」がどのように動くのかをつかむことが大切である。

もちろん経営者が「こころ」でつき合ってもらおうと思って接しても、それぞれの立場にはそれぞれの真実があり、それぞれの真実がまたそれぞれの正義を持つため、人とはなかなか理解し合うのは難しい。しかしやはり一番良いのは、「こころ」で仕事をしてもらい、理念や気持ち（こころ）で人を動かせるようになることが大切である。金（給与）だけで動かそうとしてもダメである。お金そのものには何の価値もないのだ。稼ぎ方に「生き方」が反映されるのだ。

お金が人生なのではない。お金の稼ぎ方が人生なのだ。

どのような仕事を通じてお金を稼ぎ、どのように生きていきたいのか、ということろをしっかりと握りあい、経営者と従業員の「こころ」を一つにする経営が実践できている会社こそ、長きにわたり繁栄する。

とはいえ、従業員の人数が増えれば増えるほど「こころ」が伝わりにくくなる。感覚的には、気のあった仲間達で一〇名以下ぐらいの数が一番まとまりやすい。

それ以上になってきたら、経営幹部同士はがっしりと握り合った上で、経営者も幹部陣も、「従業員はそんなものだ」と気楽に人を雇うことが肝要である。

そうすると案外、お互い「大人の契約」でつき合えるものだ（後述、5章を参照）。

◆いざ、会社の運営へ……

さて、会社の設立手続き、運営にあたる準備事項が完了したら、いよいよ会社を実際に運営していくことになる。

「会社」とは、自らの人生・生きがいを生み出し、日本の四大ライフコスト（著者の造語）である、①税、②金利、③年金、④保険を最大限コントロールするための最強の武器である。

正しく「会社が利益」を出すために、武器を使いこなせるためにも、会社運営の前に勉強しておくことを以下にていくつか紹介する。

※なお、会社の経営にあたり、パソコンを使えることは重要、というか必須である。基本的なオフィス（word、excel、パワーポイント）の使い方はマスターしておくこと。

❶ 儲けるための大切なポイント、士業（公認会計士・弁護士・社会労務士）を雇うことは無駄

創業間もない頃、または事業を立ち上げて間もない頃は、税理士を除き、公認会計士・

弁護士・社会労務士など士のつく人と雇用契約はしない。

あるいは、グループ会社として会社を経営する場合は、少なくとも設立一期目の段階ではグループ本体の会社に「士業の予算」を必ずもってもらうこと。必要な時に聞けるブレーンとして友人がいればよいのだ。

多くの社長が新規事業を立ち上げ、会社設立直後に士業を雇おうとするが、創業直後から士業を雇うなど全くコストの無駄であるし、不要である。

税理士についても、決算処理などが分からない、または、女子経理が会社にいない、など、不勉強な状態で顧問とする社長が多い。

しかし、税務申告であっても、少し勉強すれば、自分でやっても半日〜一日で一年分の決算手続きはできる。まず、何でも自分で勉強し、やってみて、経験することが大切である。参考までに、士業といわれる人種を以下に紹介する。

①**公認会計士**……国家試験をパスした会計専門家。先生と呼ばれ、監査権限を持っているため、ランクは税理士より上だが、能力は個々人でかなり差がある。

経営の経験があればコンサルタントとして、良いアドバイスをくれるが、多くの会計士は経営の経験がない。そのため、ほとんど実戦的なアドバイスにはならない。財務会計学、簿記論など、学問は一通り身につけているというだけのことだ。

公認会計士を雇った（契約した）からといって税金が安くなる訳ではない。

②税理士……税務署を退職したり、やめて独立する人も多い。基本的な税務処理は知っている、だが、ただそれだけ。税の専門家を雇って（契約して）も、税の知識だけで、経営改善とは無関係。会社が良くなる条件は、経営者のがんばりでしかない。

税のことは、インターネットで検索したり、税務署員に電話して聞けば済む。税務署を過剰に怖がる必要はない。聞けば必ず教えてくれる。みんなやさしいのだ。

※税金の間違いやごまかしがバレるのが困ると誰もが考えるが、小さなごまかしで、税金を取っても税務署員が喜ぶ訳じゃないし、たいしたことではない。何千万円も何億も隠すのだったら刑事事件

として告発されるが、中小企業では、たかが知れている。ビクビクすることではない。間違いが見つかったら、ゴメンナサイ！　といって、しっかりと加算税分も含めて払えばいいのだ。堂々と払うのだ。「これでも文句あるか⁉」と（重加算税は駄目、一生暗記）。

③**弁護士**……会社のために顧問弁護士を……と考える社長がいるが、所詮中小企業には顧問弁護士など必要ない。法律的な問題が起こって初めて、弁護士に相談にいけば済む。

毎月顧問料を三万、五万と払うのはもったいなすぎる。個別相談なら、一回あたり五千円～一万円の世界だ。高いところでも時間あたり三万円程度だろう。軽度の法律問題なら、他の専門家に聞くのが早いし、友人で簡単に相談できる相手を探しておくことが大切である。

④**司法書士**……法務局の周辺にいっぱいいる。登記関係の専門家。会社の設立、その他手続きで登場する。行政書士と間違われるが、司法書士は簡易裁判所に立つことができる。行政書士は独占業務がない。その違い。

土地・建物関連の手続きで、登記内容を変更するためにいろいろな書類が必要なとき、司法書士のところへ行けばよい。もちろん自分でもできる。べつに仲良くしてもしなくても、サービス内容に大差ない。金を払って書類を作ってもらうだけ。なお、行政書士はよく、代書屋と揶揄《やゆ》される。

※役員の改選・変更（株式譲渡制限のない会社は二年、制限のある会社は、一〇年まで改選しなくてもよい）・事業目的・住所変更・商号変更など、会社の（登記簿）謄本内容の変更には、常に役所で面倒な手続きと印紙（税）が必要になるが、何も難しいことなどなく、ただ面倒なだけで、自分でパソコンを使って、法務局で手続きすれば、誰でもできること。
勉強不足で、やり方を知らない、やったことがないから、面倒になり司法書士に頼む社長が多いが、そんな経営では一生貧乏確定だ。司法書士は自分の事務所の女の子にやらせているだけで、実際のビジネスの世界ではプロでもよく手続きを間違うのだ。自分でやれば次からは、よく分かるし、簡単なのだ。会社経営で面倒くさいは厳禁なのだ（拙著『めんどくさいことの9割は捨てていい』参照）。

⑤社会保険労務士……社会保険事務所に行くと、社会保険労務士のリストがあって、それを見せながら職員が、「社会保険の手続きは労務士を通じて提出下さい」と言われる。馬鹿なことを信じてはいけない。この資格者（社会保険事務所を退職した者）達の食いぶちを与えるために

国がそうしたのだ。

※基本的に社会保険の手続きなど、会社の印を持って社会保険事務所に行って、そこの書類に記入し、印を押したら終わり。誰でもできる。女子事務員でも社員でも可。こんな簡単な手続きのため、顧問契約をして月々金を払う企業が多い。本当に馬鹿なことだ。

❷経理は自らしよう——試算表、決算書（貸借対照表、損益計算書）は最低限作成でき、読み通す力は必要

会社をやり出すと、営業と納品はできるが、事務まわり、とくに経理をするのをとたんに面倒がる経営者は多い。世の経営者は皆、事務などは面倒くさいものだから人任せにしてしまおうと考える。面倒だとすぐに人を雇おうと考える。これが普通である。

しかし、経理など、税務署の都合で法律にしたようなものなのだ。税務署にとって有利なルールを体系化したのが経理なのである。

「会社の実態」を経営者がつかみましょう、経営のためにきちんとしましょう、などというのは、御題目を並べているにすぎない。

実際は独自の経理ルールを敷けば（管理会計）、きちんと経営はできるし、一般的とされる経理のルールをしっかりとはめ込まずとも、会社の実態は把握できるのだ。

そこまで細かく経理に気を遣う必要はないし、ましてや創業間もない頃に経理専門の女の子を雇うなど無駄以外のなにものでもない。グループ会社を創る場合は本社に経費を持ってもらえばよいだけの話だし、簡単な経理ごときは自分でやればよいのだ。

ただし、経営者として会社をやるかぎり、試算表、決算書（貸借対照表〈バランスシート〉、損益計算書〈インカムステイトメント〉）については、最低限作成でき、読み通す力は必要である（後述、2章一三〇頁からを参照）。

経理は自分でパソコンを使うなどし、できるだけ簡略化した方法を選ぶことが大切だ（時間もかけず、簡単にできる）。経理の女子を雇おう、雇うより安く会計事務所と契約しよう、などと判断するのは絶対にいけない。

経営者にとっての、自らを連帯保証人として差しだした上で、手にしている命のかかった一億円と、経理の女の子が全く他人のお金という認識で触れる一億円には、価値に大きな差があるのだ。

お金は時に人間を狂わせる。特にお金の正しい意味が理解できないレベルの無知な人間に経理をまかすと、ろくなことがないと知るべし。

会社の実態を他人に知られることで、弱味をにぎられる。その人が辞めるととたんに窮する。辞めたら困る、引き継ぎをお願い、など、下らないおべんちゃらで、何とかつなぎとめなければならなくなる。リスクでしかない。

さらに大きなリスクは、経営者自身が会社の実態を知ることができなくなる、ということだ。

諸外国では、税金のために、会社は経理の資格を持った者を社内または外注で雇うようにしむけられているが、日本では、経理外注は義務となっていない。

会社が一〇人以下なら、別に経理も難しくないし、簡略化できるように、自分で工夫するのである。毎年二億を越える売上げがあるようになれば、会社としては中大規模となるから、税を計算する女子ぐらい雇えばよい。

税法上は「総勘定元帳になる原簿」を残せばよく、税務調査も実はこれしか見ない。

補助簿として、請求書（支払）綴《つづ》りと領収書（支払）綴りがしっかりしていれば、他は別にたいしたことではない。

売上伝票の代わりに相手先への請求書綴りがあれば、これだけでＯＫだ。パソコンでの申告も認められつつある。

ぜひ自ら経理をすることを薦める。

※経営に「面倒臭い」は厳禁である

❸ 事務所は自宅からスタートさせること

事務所がないとビジネスできない業種（飲食店や書店など）以外は、携帯、電話、パソコンですべての業務が回る。二一世紀に入りサービス業が中心となる情報産業時代は、事務所の必要性は極めて少なくなっている。

毎月の家賃は固定費である。会社の売上がゼロでも、固定費は支払わなければならない。固定費はなるべく安いに限る。

※自宅兼事務所にすれば、節税上、家賃折半（五〇％）、水道光熱費なども折半で会社の経費に算入することもできる。

❹ 必要以上に人（従業員）は雇うな

会社が大きくなっていくと、必要以上に従業員を雇いたがるものが多いが、絶対に、不要な人員は雇っては駄目だ。従業員一名の月給で単純計算して考えるな‼　月割りすると、最低でも次の費用が必要となるのだ。

月　給　　二〇〇、〇〇〇円

社会保険　三〇、〇〇〇円↓会社負担分……健康保険・厚生年金・雇用保険
賞与分　七〇、〇〇〇円↓年四カ月支給の場合（一回四〇万円・年八〇万円）
退職金　一七、〇〇〇円↓一年勤めるごとに一カ月分の給与が増加する。
一般には、一〇年勤務、退職時月給の一〇カ月分が
退職金　＋　間接経費　二〇〇、〇〇〇円月に
五一七、〇〇〇円かかる

※従業員を一人雇うと、その従業員の月給と同額の販売費及び一般管理費（経費）がかかるといわれている。
つまり月給二〇万円の人間を雇ったら二〇万円の経費がかかるため、トータルで四〇万円のコストがかかるということ。「労働分配率（給与／粗利）二五％を必ず切らなければならない」、とする一般理論は根拠のあるものなのだ。自分の給与×四倍の粗利を出して初めて、粗利マイナス人件費（自分の給与、全体の二五％）マイナス諸経費（自分の経費全体の二五％）マイナス税負担（法人税の場合税引き前利益の四〇％）の最終利益を企業に残すことができるのである。

練習問題

●あなたが提出した決算書が間違っていると税務署から電話がかかってきた。どうする？

●あなたが雇った従業員から不当解雇だと労働争議を起こされた。どうする？

●あなたの自宅を事務所として活用していたところ、税務職員から経費にできないと指摘された。どうする？

◆ビジネスの盲点、保険と年金

さて、会社の設立を終え、運営にあたる準備を完了させ、心構えをしっかりと身につけたら、いよいよ会社を本格的に運営し、事業を行っていくことになる。何度も言うが、会社（事業）とは、四大ライフコストを最適化し、自らの人生を豊かにするための手段である。ビジネスのセンスがあり、運があっても、十分な知識を身につけておかなければ成功はおぼつかない。

ここで改めて、ビジネスにおいて成功するための必須の知識を整理してみよう。

〈ビジネスで成功するために必須の知識〉

①セールス力（売り切る力）
②ファイナンス力（財務・会計・金融・税・為替・銀行・保険・年金）
③マーケティング力（売る仕組み）

④マネジメント力（理念を打ち立て、人・組織を管理する力）

ビジネスで成功するためには、この四つの基本的な知識を持つことが必須である。一つ一つの知識を確認してみよう。

①セールス力

・テレアポ、飛び込み、商談などを通じ、自社の商品を売り抜く力
・セールスは一生モノのスキルである。三〇歳までに必ず身につけておくこと

②ファイナンス力

・貸借対照表（バランスシート）と損益計算書（インカムステートメント）が読める（内容が分かる）。自分で基本的なものが作成できる
・経理を自分自身で一通り管理できる力（経理はシンプルな流れを考えれば、エクセル一つ、社長ひとりで、時間をかけないでできるものだ）
・小切手、手形、様々な金融に関する知識を元に、銀行からお金を借りる力

・為替のレートの意味が分かり、為替差益、為替差損を理解できる力
・保険の仕組みを理解し、正しい活用ができる力
・年金の力を理解し、将来利益を最大化させる力
・税のルールを熟知し、有利な納税を行うことのできる力
・金融商品を理解し、儲かる商品とそのリスクを判断する力

③マーケティング力

・マーケティング戦略の知識
・ランチェスター戦略など経営の知識
・クリエイティブな発想
・データ分析力

④マネジメント力

・研ぎ澄まされた経営理念を打ち立てる力
・事業計画書の作り方

・ビジネスの実務訓練
・人事評価制度の知識
・能力開発の仕方

以上四点が、ビジネスを成功させるための必須の知識である。世の中には日々、おもしろそうな商材がたくさん存在する。これらの知識をしっかりと身につけ、おもしろそうな商材を分析し、頭の中で損益、貸借をはじき出しビジネスモデルを作り、実現できるように訓練することが大切である。

さて、事業をするというと多くの人がセールスやマーケティングなどに興味を持つのだが、会社を発展させるためには、上述した知識の中でも特にファイナンスの項目は必須である。ここでいうファイナンスとは、「常に手元に余剰資金を保有するために必要な知識すべて」である。

どんな素晴らしい商品を思いついても、どんな素晴らしい売り方を編み出しても、どんな素晴らしい組織を創り出しても、資本主義のルールの下では、会社の口座から現金が無くなったらその時点でゲームオーバーである。

繰り返しになるが、経営とは、経理（広義のファイナンス）と営業でできている。会社を安定的に発展させていくためには、守りの要、ファイナンスをしっかりと身につけておく必要がある。

中でも、年金・保険・会計・税は必須中の必須である。正直に言って、このファイナンスの項目を理解しない経営者が多いのだが、このファイナンスを知識として身につけていない人間は起業の世界から退場すべきだと思う。

会社が儲からなければ従業員にも迷惑がかかるし、お客様にも迷惑がかかる。会社の要であるファイナンスの項目は、必ず押えておかねばならない。

会社を設立し事業をスタートするに当たり、最初にぶつかるファイナンスの壁は恐らく年金・保険であろう。社会保険に対する届け出や、健康保険の加入などは、会社の立ち上げで最初に触れるファイナンスである。

正しい知識を身につけ、少しのスパイスをかけることで、年金・保険の最適化は簡単にできる。正しい制度で保険年金を運用するためにも、まずはしっかりと実態を把握することが大切である。

基本は、見栄を張らず、額面給与を最小化し（一〇万～二〇万円／月）、社会保険の負担を最小限に抑えることだ。固定費の削減は、営業利益に直結する。見栄は金にならないと知るべし。

◆保険についての基礎知識

保険業も銀行業・証券業と同じく、やはり国家の指導のもとにある。その指導内容は、右肩上がりの経済、右肩上がりの人口増加を前提にしている。つまり時代遅れ。日本の保険はスタグフレーションに弱いのだ（不景気下で物価が高騰し円価格が下がることで、株式相場が停滞し、結果、運用利益が下がる、など）。

日本の保険は、インフレに連動しないように規制されている。海外型の保険制度は人口減少や景気の上下動に対応しているが、日本はせいぜい掛け捨ての保険に切り替えるぐらいしか方法がない。

日本人は保険業法という、日本の保険会社を保護する法律のため（厳密に言うと、その保険会社に集まったお金を元に金融商売をやるアングロサクソン経済人のため）に、海外の保険を買うことができない。海外の方が日本の保険より保険料が安くて内容が良くても、なぜか日本居住者は買えない。

だが、この法律には海外に居住する日本人は買えるという裏業がある。非居住者申請をし、海外に居を構える日本人となることで、税・保険の支払いを有利にすることが物理的に可能である。

※ちなみに、ずいぶん昔の話になるが、小泉政権下の竹中大臣は、毎年一二月になると住民票を海外に移転して住民税（地方税）を免れていたので、一部の国民から非難された。彼を完全なる親米ポチだと揶揄する紙面もあったが、多くのメディアを味方につけており、大きな報道はされなかった。

日本の保険の苦境はまだまだ続く。今はまだ、かろうじてアベノミクスが日本株の下支えとなっているが、天井圏を徘徊するダウ、トランプ政権の政情不安定、北朝鮮リスク、欧州のテロなど、世界情勢が実にきな臭い。

なにしろ、日本の法律で、運用は株式しかできないとされているため、リーマンショックを超えるブラックスワンが誕生すると、逆ザヤ（契約者に支払う予定利率を運用利回りが下回っている状態）が起こり、収益が大幅に下振れするリスクが高い。日本の保険会社でも、これから数社は破綻するかもしれない。

◆年金についての基礎知識

二一世紀の年金（我々の老後）は、どうなるのか？　一九四六年四月二日以降に生まれた我々にとって、二一世紀の老後は、現在国から敷かれている老後生活よりも厳しいものとなる。

厚生年金制度はそもそも、高給取りの人は低給の人より負担を多くし、所得の再配分効果を出そうというシステムである（つまり、月額報酬によって、厚生年金の支払い金額が変動する。高い給与をもらっていたらたくさん年金を払わなければならないし、低い給与をもらっていたらそれほど年金は払わなくてもよい。なお、支払い変動する上限報酬は六二万円、下限は九・八万円、いずれも税込み価格だ。六二万円以上の月給をもらっているものは、みな一律の高い年金を支払う、ということだ）。

富めるものから取り、貧しいものからは取らないとする制度である。こちらも人口増が前提にあって、初めて機能するシステムである。

とはいえ年金も、(1)支払う金額と、受け取る金額の調整、(2)支払う期間の調整、以上を工夫することで、冒険者個人にとって大変有利な制度とすることもできる。

最近、中身を何も知らないで、ともかく年金を納めないという人が多いと聞く。

誰もが生命保険は掛けるのに、年金は払いたくないと考えているが、投資効率から考えたらそれは間違いである。

誰も年金制度について教えてあげないから、こういった誤解が生じるのである。年金を有利に活用するためにも、中身をしっかりと勉強しておかなければならない。

まず年金には、老齢基礎年金（いわゆる、国民年金）と老齢厚生年金（いわゆる、厚生年金）の二段階がある。かしこいビジネスマンは、この二段階の年金をじょうずに調整し運用するのだ。

将来、年金を受取る資格を得るには、二五年以上支払っていることがルールである（三〇〇カ月以上。六五歳からの受給）。

そしてこれも重大なルールなのだが、受取る額は、給与の額よりも掛けている年数の方が重要なのだ（細く、長く掛けるのが一番良い）。

くり返すが、誰もが生命保険は掛けるのに、年金は払いたくないと考えている（これは大きな間違いだ！）。前述のとおり保険業界は現在大変厳しい市況におり、有事においては倒産リスクが非常に高い。

生命保険をかけていても、生命保険会社が赤字状態になったときは、法律で契約料の半分の支払いでよいということになっているし、倒産するなどしたら元本ゼロである（もちろん、生命保険契約者保護機構や損害保険契約者保護機構で、ある程度は元本が保護されるが、加入プランによっては元本の半分近くまで手取りが減ることも十分にあり得る）。

それに比べれば年金の方が、老後の年金受け取りと死亡したときの遺族年金がもらえるので、投資効率という点では優れているということを誰も知らない。

未亡人を例にとると、もし、主人が死亡したら、遺族年金と遺族厚生年金がもらえる（但し、妻は三五歳以上であることが条件。再婚したら受給権はない）。子供は一八歳になるまで支払われる（父母は五五歳以上であればＯＫ）。

年金水準

1老齢基礎年金

〈受給資格者〉

・国民年金加入者（保険料月一六、四九〇円を払っているもの）……自営業者、フリーターなど

・厚生年金加入者（厚生年金に入っていたら無条件で受給権あり）……サラリーマン全員

・サラリーマンの妻（サラリーマンと結婚していたら無条件で受給権あり）

※老齢基礎年金は、保険料納付済期間と保険料免除期間の合計が一〇年以上である場合、六五歳になったときに支給される。なお、保険料納付済期間と保険料免除期間の合計が一〇年に満たない場合でも、保険料納付済期間、保険料免除期間および合算対象期間を合算した期間が一〇年以上である場合には、老齢基礎年金が支給される。（平成二九年七月三一日までは、老齢基礎年金・老齢厚生年金を受けるためには、保険料納付済期間（国民年金の保険料納付済期間や厚生年金保険、共済組合等の加入期間を含む）と国民年金の保険料免除期間などを合算した資格期間が原則として二五年以上必要だった。

$$779{,}300\text{円} \times \frac{\boxed{\text{保険料納付済月数}} + \boxed{\text{全額免除月数} \times 4/8} + \boxed{\text{4分の1納付月数} \times 5/8} + \boxed{\text{半額納付月数} \times 6/8} + \boxed{\text{4分の3納付月数} \times 4/8}}{\text{40年（加入可能年数）} \times \text{12月}}$$

〈受給額〉

上記が、日本年金機構により公表されている計算式だが、簡略化すると、七七九、三〇〇円×納付済月数÷四八〇カ月と換算できる。さらに、これを七七九、三〇〇円×納付済年数÷四〇年と換算し、全体を四〇年で通分すると、受給額が以下の数式から算出できることになる。

受給額（年額）＝一九、四八二円×加入年数

これを月額換算すると、

受給額（月額）＝一、六二三円×加入年数

となる。

※小数点以下を省略しているので受給額の概算であることに注意されたい。

例）二〇歳〜六〇歳までの四〇年加入（満額の場合）……六四、九二〇円／月もらえる

三五歳〜六〇歳までの二五年加入……四〇、五七五円／月もらえる

※「平成二七年度厚生年金保険・国民年金事業の概況支給額（厚生労働省／二〇一七

年三月発表）」によれば、老齢基礎年金の平均支給月額は五五、二四四円となっている。六〇歳で繰上げ支給を受けると満額でも月に四五、四五九円だが、実際の支給額は三八、九六七円となっている。これは、繰上げ支給で約三割減となるからである（年金の繰り上げ支給の計算については本稿の主旨ではないため、詳細については日本年金機構ＨＰを参照すること）。

〈受給期間〉

・原則として六五歳から受給可能。ただし、六〇歳から減額された年金の繰上げ支給や、六六歳から七〇歳までの希望する年齢から増額された年金の繰下げ支給も請求可能。

2　老齢厚生年金

〈受給資格者〉

・サラリーマン
・厚生年金に加入している経営者

※老齢基礎年金の支給要件を満たしていること。厚生年金保険の被保険者期間が一カ月以上あること。
（ただし、六五歳未満の方に支給する老齢厚生年金については、一年以上の被保険者期間が必要）

〈**受給額**〉
（六五歳未満の場合）
①定額部分＋②報酬比例部分＋③加給年金額

以下に①、②、③それぞれの算出方法について説明する。

①定額部分

一、六二五×生年月日に応じた率※1×被保険者期間※2の月数

※1　生年月日に応じた率（定額単価）については日本年金機構HPで確認できる。必要に応じ参照すること。

※2　昭和九年四月二日～昭和一九年四月一日生まれは四四四月、昭和一九年四月二日～昭和二〇年四月一日生まれは四五六月、昭和二〇年四月二日～昭和二一年四月一日生まれは四六八月、昭和二一年四月二日以後生まれは四八〇月を上限とする

⑴　報酬比例部分の年金額（本来水準）

$$\left\{ \text{平均標準報酬月額} \times \left[\underbrace{\frac{9.5}{1000} \sim \frac{7.125}{1000}}_{\text{生年月日に応じた率}} \right] \times \text{平成15年3月までの被保険者期間の月数} + \right.$$

$$\left. \text{平均標準報酬額} \times \left[\underbrace{\frac{7.308}{1000} \sim \frac{5.481}{1000}}_{\text{生年月日に応じた率}} \right] \times \text{平成15年4月以降の被保険者期間の月数} \right\}$$

⑵　報酬比例部分の年金額（従前額保障）

$$\left(\text{平均標準報酬月額} \times \left[\underbrace{\frac{10}{1000} \sim \frac{7.5}{1000}}_{\text{生年月日に応じた率}} \right] \times \text{平成15年3月までの被保険者期間の月数} + \right.$$

$$\left. \text{平均標準報酬額} \times \left[\underbrace{\frac{7.692}{1000} \sim \frac{5.769}{1000}}_{\text{生年月日に応じた率}} \right] \times \text{平成15年4月以降の被保険者期間の月数} \right)$$

$$\times\ 0.999\ (※)$$

※ 昭和13年4月2日以降に生まれた方は0.997

②報酬比例部分

報酬比例部分の年金額は、右(1)の式によって算出した額となる。なお、(1)の式によって算出した額が(2)の式によって算出した額を下回る場合には、(2)の式によって算出した額が報酬比例部分の年金額となる。

(1)　報酬比例部分の年金額（本来水準）

(2)　報酬比例部分の年金額（従前額保障）

※従前額保障とは、平成六年の水準で標準報酬を再評価し、年金額を計算したもの。

平均標準報酬月額とは、平成一五年三月までの被保険者期間の各月の標準報酬月額の総額を、平成一五年三月までの被保険者期間の月数で除して得た額のことを指す。

平均標準報酬額とは、平成一五年四月以後の被保険者期間の各月の標準報酬月額と標準賞与額の総額を、平成一五年四月以後の被保険者期間の月数で除して得た額のことを指す。

これらの計算にあたり、過去の標準報酬月額と標準賞与額には、最近の賃金水準や物価水準で再評価するために「再評価率」を乗じて算出する。

※再評価率・生年月日に応じた率（報酬比例部分の乗率）については日本年金機構ＨＰで確認できる。必要に応じ参照すること。

③加給年金額（定額部分が支給されている場合に限る）

厚生年金保険の被保険者期間が二〇年以上ある方が、六五歳到達時点（または定額部分支給開始年齢に到達した時点）で、その方に生計を維持されている下記の配偶者または子がいるときに加算される。

六五歳到達後（または定額部分支給開始年齢に到達した後）、被保険者期間が二〇年以上となった場合は、退職改定時に生計を維持されている下記の配偶者または子がいるときに加算される。加給年金額加算のためには、届出が必要。

対象者／加給年金額／年齢制限

配偶者／二二四、三〇〇円／六五歳未満であること（大正一五年四月一日以前に生まれた配偶者には年齢制限はない）

一人目・二人目の子／各二二四、三〇〇円

三人目以降の子／各七四、八〇〇円

※老齢厚生年金を受けている方の生年月日に応じて、配偶者の加給年金額に三三、一〇〇円～一六五、

五〇〇円が特別加算される。

■配偶者加給年金額の特別加算額（平成二九年四月分から）

受給権者の生年月日／特別加算額／加給年金額の合計額
昭和 九年四月二日～昭和一五年四月一日／三三、一〇〇円／二五七、四〇〇円
昭和一五年四月二日～昭和一六年四月一日／六六、二〇〇円／二九〇、五〇〇円
昭和一六年四月二日～昭和一七年四月一日／九九、三〇〇円／三二三、六〇〇円
昭和一七年四月二日～昭和一八年四月一日／一三二、三〇〇円／三五六、六〇〇円
昭和一八年四月二日以後／一六五、五〇〇円／三八九、八〇〇円

以上が、日本年金機構により公表されている計算式だが、これも概算を出す目的であれば簡略化できる。

老齢厚生年金算出にあたり複雑なのが、各比率を別途参照する必要があることや計算式が年度により異なる点だ。

もう一度老齢基礎年金の算出式を確認してみよう。

①定額部分＋②報酬比例部分＋③加給年金額

まず定額部分であるが、定額金額に乗じる率が生年月日に応じて異なる。ただ参照すればわかることだが、昭和二一年四月二日以降生まれの方は定額金額一、六二五円に乗じる率が一・〇〇〇となる。

したがって、昭和二一年四月二日以降生まれの方の定額部分は一六二五円×加入年数で計算できる。

次に報酬比例部分だが、ここでも乗率が生年月日に応じて異なる。ただこれも参照すればわかることだが、昭和二一年四月二日以降生まれの方は、一の計算式では平成一五年三月までの乗率が七・一七五、平成一五年四月以降の乗率が五・四八一となり、二の計算式では平成一五年三月までの乗率が七・五〇〇、平成一五年四月以降の乗率が五・七六九となる。若年世代を例にとるなら、計算を大きく省略できる。

ここでは簡略化するために平成一五年四月以降に初めて老齢厚生年金に加入した場合の簡略化した算出式を以下に示す。

受給額(年額)＝平均月収(年収÷一二)(万円)×〇・〇〇五四八一×加入月数(平成一五年四月から)

受給額(月額)＝年収(万円)×〇・〇〇〇四五六七五×加入年数(平成一五年四月から)

例）

・年収三六〇万円×〇・〇〇〇四五六七五×四〇年なら＝月額年金六五、七七二円

※妻も働いて厚生年金加入者なら、同じ計算でもらえる。

最後に加給年金額であるが、これについては誰にでもあてはまるものではないのでここでは省略する。

以上をふまえて、ある夫婦のシミュレーション……結局いくらほどもらえるのか？

ケース1：大卒のAさんは、妻に支えられながら、六〇歳まで、三五年厚生年金に加入していたサラリーマンである。年収は六〇〇万円であった。

①老齢基礎年金　一、六二三円×三五年＝月額五六、八〇五円
②老齢厚生年金　六〇〇万円×〇・〇〇〇四五六七五×三五年＝九五、九一七円
①＋②＝月額一五二、七二二円
③Aさんの妻分の老齢基礎年金＝五六、八〇五円／月
①＋②＋③＝二〇九、五二七円／月

三五年加入でもらえそうな額は

基礎年金　五六、八〇五円
厚生年金　九五、九一七円
妻の基礎　五六、八〇五円

二〇九、五二七円

※世の大卒サラリーマンは、約二〇万円月額の年金で夫婦で生活しなくてはいけない。

ケース2：大卒のBさんは、妻に支えられ、六〇歳まで、二五年厚生年金に加入していたサラリーマンである。月給は二八〇、〇〇〇円、賞与は二カ月分×二回であった。

①老齢基礎年金　一、六二三円×二五年＝月額四〇、五七五円

②老齢厚生年金（二八〇、〇〇〇円×一四カ月分）×〇・〇〇〇四五六七五×二五年＝四四、七六一円

①＋②＝月額八五、三三六円

③Aさんの妻分の老齢基礎年金＝四〇、五七五円／月

①＋②＋③＝一二五、九一一円／月

二五年加入でもらえそうな額は

基礎年金　四〇、五七五円

厚生年金　四四、七六一円
妻の基礎　四〇、五七五円
一二五、九一一円

このような年金制度を踏まえ、もっともかしこく、日本の年金・健康保険（社会保険）システムを利用するには、

•自分の会社では、見栄を張らず、月額給与額九八、〇〇〇円～三〇〇、〇〇〇円程度として、月額二五、二九三円（会社負担分、個人負担分の年金保険料、社会保険料合計。九八、〇〇〇円の最少の場合）の経費をかけること。個人負担でいえば、たったの約一三、〇〇〇円で、

•『基礎年金（夫分）＋厚生年金（夫分）＋基礎年金（妻分）＋健康保険証（夫分）＋健康保険証（妻分）』という権利を得ることができる。妻の基礎年金は一円も納めなくても、同じ家族と言うことで、支払ったのと全く同じ扱いとして受給権を手にすることができる。

※もし妻も働いていて、厚生年金加入もしていれば、その分は「老齢厚生年金」としてプラスされてもらえる。年金も上手く活用すれば、有意義な投資効率が実現するのだ。

練習問題

- 年収六〇〇万円（月給五〇万円）、妻帯者（専業主婦）の人間が、サラリーマンとして三〇年間勤め上げた場合の予想年金受給額を算出せよ
- 年収三六〇万円（月給三〇万円）、妻帯者（専業主婦）の人間が、サラリーマンとして三五年間勤め上げた場合の予想年金受給額を算出せよ
- 年収一、〇〇〇万円（月給八〇万円）、独身の人間が、サラリーマンとして二五年間勤め上げた場合の予想年金受給額を算出せよ
- 年収一、〇〇〇万円、独身の人間が、サラリーマンとして三〇年間年金を支払い続けたとした場合、投資回収が完了するのは年金受給開始から何年が経過した時か。社会保険料の資料を参考に、計算せよ
- 年収二〇〇万円、妻帯者の人間が、サラリーマンとして三〇年間年金を払い続け

たとした場合、投資回収が完了するのは年金受給開始から何年が経過したときか。社会保険料の資料を参考に、計算せよ

●世帯年収六〇〇万円、夫が年収二〇〇万円、妻が年収四〇〇万円の家計が、二五年間年金を支払い続けたとした場合、投資回収が完了するのは年金受給開始から何年が経過した時か。社会保険料の資料を参考に、計算せよ

●年収三、〇〇〇万円、妻帯者の人間が、国民年金のみを三〇年間支払い続けたとした場合、投資回収が完了するのは年金受給開始から何年が経過した時か。計算せよ

●額面年収九六〇万円をもらっている、ある広告代理店の役員から、可処分所得を増やしたいと相談を受けた。年俸制を採用している会社であり、月額の額面給与は八〇万円。所得税、住民税は合算し一律二五%とした場合に、社会保険関連資料を参考に、この方の手取り所得を推測せよ。また、可処分所得を増やすために必要なアクションを提案せよ

◆生命保険に入るべきか？

会社社長が、保険のセールスマンに誘われ、高額な保険に入るケースが多いが、全くもって無駄である。「無駄な保険に入る人＝馬鹿」と理解すべし。

会社は経営者（つまり人）で決まるので、会社に保険金が入ったところで、会社のためになることは少ない。それよりも、長生きする方が大切である。

個人でも家族のためと思って生命保険を掛けるが、一時的に金が入っても、妻や子供がだまされて、なくす方が多い。

要は、家族のために、いつも健康に注意して長生きする方がもっとも良い保険である。

保険の掛けすぎには要注意すること。

個人的には、国や都が提供している共済保険だけで十分である。

月額一、〇〇〇円～二、〇〇〇円の掛け捨てで十分な保険（死亡時一、〇〇〇万円など）が実現するのだ。

※社会保険などは、ある意味で良い制度であるが、その負担がどんどん多くなっていっているのが先進国で、もはやパンクしつつある。前述の通り、使い方に注意しないと、支払いに対してフェアな受給は望めない。

結局、将来の保証とは、自ら切り開くBusiness（事業）力であって、成果創出力に尽きるのだ。要するに保険に頼っていてはダメということ。

よくよく注意しないと、将来こんなはずでは……となる。

◆為替についての基礎知識

為替など、海外と取引をしなければ関係ないと誰もが思っているが、それは大きな間違いである。実は為替は、日本国内のすべてのビジネスに深く関わりがあるし、経済の中でもっとも重要な要素のひとつである。

日本の経済は輸出により支えられ経済発展を遂げてきており、日頃から海外と大変深く関わっているため、日々為替の変動がニュースになっている。

自分たちの小さいビジネスにおいても、先を読むために、この「為替」というルールを知っていないといけない。

現在の日本に存在するあらゆるものの六割以上が輸入されているものであり、日々の為替は、私たちの生活に大変深く関わっている、ということだ。

(1) 為替の歴史

1　日本の外為法（一九九八年改正）

①誰でも海外預金が可能となり、上限はなくなった（海外の支店に自由に自分の預金口座を開き、円建てでも預金ができるようになった）。
②外貨の両替も自由化された。
③居住者間の外貨決済が自由にできるようになった（日本の輸出のドル債権と輸入のドル債務などを企業同士で互いに決済することができ、届出も不要となった）。
④資本取引についても、事前の許可の必要がなくなった。

2　外国為替取扱銀行という偽りの看板

銀行を中心とした『東京外為（がいため）市場』の実力など、たかが知れている。なぜなら、実質的に外為市場が日本にできてから、たった三〇年くらいしかたっていないからだ。

それに対して、欧米は通貨の交換に関して一〇〇年以上の歴史を持っている。特にヨーロッパでは、戦争に敗れて自国の通貨が紙切れになってしまったという経験を何度もしてきているのだ。そもそもの通貨や投資に対する考え方が、日本人とは根本的に違う。

日本の銀行は自らリスクを取らない。お客様を集めて割高な手数料で儲けているのだ。日本の銀行は絶対に儲かるシステムで、「官民癒着体制」で行っている。

都市銀行はもとより、地銀や信金までもが「外国為替取扱銀行」という金看板を掲げているが、実際のところインターバンク市場で取引を行っているのは大手銀行のみなのだ。系列の大手銀行に客の金を流すだけで、手数料を徴収しているのがほとんど。さらに多くの銀行は、あたかも国際業務を行っているかのごとく海外に支店を作ったが、赤子のようなノウハウしか持たない日本の銀行が、ろくな仕事ができるはずがない。すべて、「国際業務」を行う銀行という金看板を維持したいためだけなのだ。

実際、著者も何人かの日本大手銀行の海外支店長を知っているが、彼らはほとんど通常の銀行業務を行っていない。何をやっているかといえば、日本から招いたお客様の接待。

カラオケ。サウナ。ＫＴＢ（意味が分からなくても調べなくてよい）。接待のための海外支店……あきれてものも言えない。これが事実なのだ。そして、この経費を誰が支払っているかといえば、その銀行の利用客の皆、つまり国民であるあなたが支払っているのだ。

3　一九八五年の「プラザ合意」……アメリカの赤字を棒引きにする方策

一九八〇年代、レーガン政権のレーガノミックスによって、アメリカは財政赤字と貿易赤字という双子の赤字を膨らませた。貿易赤字は日本からの輸入超過が顕著であった。日本製品のダンピング（不当に安い価格でものを販売すること）が問題になり日本叩きが起こった。日本はアメリカとの貿易で潤ったのだ。そして潤った金を何に使ったかというと、アメリカの国債を買っていたのだ（ドル建て米国債買いを円安で行っている）。

つまり、アメリカに多くの製品を輸出してアメリカの貿易赤字を拡大させ、さらに米国債を大量に購入することによって、アメリカの財政赤字を支えていたのは日本だったのだ。

アメリカにとっては非常に由々しき事態。アメリカ国内にたくさんの日本製品が流入することによって、アメリカの産業が悲鳴をあげていると同時に、日本に多額の借金をしているという状況になったからなのだ。ドルの尊厳が傷つけられたようなものである。

この状態を改善しようとしたのが、「プラザ合意」である。何とか日本からの輸入を食い止め、借金を棒引きにする方法は「為替」で調整してしまうのが手っ取り早いということで、先進各国が協調して「ドル安、円高」に誘導したのだ。

「プラザ合意」まで一ドル＝二四〇円だった為替レートは、その後、急激な円高に進み、一九九五年には一ドル＝七九・七五円という史上最高値を記録した。これによって、日本に対する国債の借金は1/3になり、輸出は抑えられたのだ。そして、アメリカは息を吹き返したのだ。

いわば為替による、借金帳消しのマジックである。経済的な視点からいえば、日本は米国の完全なる属国なのだ。

4 ヘッジファンド

ヘッジファンドとは、少数のお金持ちの会員から資金を預かり、世界を股にかけてあらゆる市場にハイリスク・ハイリターンの相場を張っていく投資信託のこと。

――ジョージ・ソロス率いるクォンタムファンド――

一九九二年　イギリスのポンドを売り浴びせ、ポンドを大暴落させた。
一九九七年　タイ、インドネシアなどの東アジアの通貨の大暴落させた（アジア通貨危機）。

このように、ヘッジファンドは豊富な資金を使って何百倍にも買いを入れて価値を増幅させ、一気に売り浴びせることによって、一国の金融や経済をも破壊してしまう力を持っている。めちゃくちゃかっこいい。

ところで、これはあくまで取引高が小さな市場に限定された話。ポンドの為替市場での取引は非常に小さいため、大きな資金が入ってくれば簡単に乱高下してしまう。タイやインドネシアの通貨ならなおさらのこと。

一方、円ドル取引は取引高が膨大であり、いくらヘッジファンドが大きな資金を動かすといっても、その取引高に比べれば取るに足らない。つまり、暴落するほど売り浴びせられる心配はほとんどないといえる。参考までに、日銀が為替介入した際の基準として、二・五兆円ほどの投下で、ドル円が一円前後動くといわれている。

(2) 日本の銀行の実態

1 銀行のディーラーの実態

これまで、銀行員は高給を取っていた。なぜ銀行に勤めているというだけでこれほど高給が取れるのか、著者はずっと疑問に思っていた。自分で相場を張っているわけでなく、深く為替について学ぶことをしないディーラー達が日本には多いのだ。

確かに彼らは為替の仕組みや理論をよく知っている。しかし、為替の仕組みや理論を知っていることと、相場を張ることは全く違う。野球に例えれば、ルールを知っているだけで勝ち方は知らない。将棋なら、定跡はよく知っているが、詰めを読むのは知らない。審判や批評家ならいいが、監督として采配をふるうには不適格なのだ。

相場分析レポートを出したり、日経新聞などにコメントを寄せたりしている為替ディーラーや元ディーラーは、実際の相場でほとんど活躍していない。活躍していないどころか、自分で相場を張っていない人ばかりなのだ。

レポートを出している人に、「それほど分析が当るなら、ご自分で相場を張ったらいかがですか？」と聞いてみたらいい。恐らく相手は黙ってしまうだろう。

結局、自分でリスクを取って為替市場で張れないから、レポートや理論を振りかざしてお金を取ろうとしているのだ。本当に利益を上げている人は表には出てこない。読者もどうか、このことをよく覚えておいてほしい。

2　官民癒着で運営されている東京外為市場

日本の銀行の実態は、財務省（旧大蔵省）の官僚制度だ。金融マスコミの責任は非常に大きく、日本の銀行が為替取引についても国際取引についても国際水準からみて劣っていることを一般市民に伝えていない。銀行が割高な手数料の上であぐらをかいていることも伝えない。

ある意味、マスコミは、銀行の搾取システムに手を貸していると言えるだろう。

基本的にマスコミ、金融、不動産、保険は、グルになっていると考えた方がいいだろう。

日本の銀行はノウハウがないため、ロイター（ユダヤ系の通信社、アングロサクソンの経済人の情報源といわれる）の為替情報を平気で利用している（このロイター情報もそもそもあてにならないのだが……）。

もし、今、実勢の相場が一ドル＝一一〇円だった場合、売りたいというお客様がいるのがわかった途端（板を見ればどこに指値が入ってるか分かる）、一〇九円に瞬間的に下げてしまう（ロイターの情報操作により）。ロイターが出す相場が一〇九円になっているのだから、いかにお客様が一一〇円ぐらいだろうと思っても一〇九円で売るしかないのだ。そのロイター情報を何の検証もなく日本中に流しているのが日本の金融マスコミなのだ。

しかも、日本は少し相場が動くと、金融当局がすぐに介入してしまう。いまどき、当局の介入は日本だけだ。

3　純国産メガバンクが日本から消滅

悲しいことだが、純国産メガバンクは日本から消滅してしまった。

理由：日本のメガバンク三行

- 三菱東京ＵＦＪ銀行（東京三菱銀行とＵＦＪ銀行の統合）
　旧ＵＦＪ銀行のときにメリルリンチが資本注入（ユダヤ系）
- 三井住友銀行（三井銀行と住友銀行の永遠のライバル同士の統合）
　ゴールドマンサックスが資本注入（ユダヤ系）
- みずほ銀行（第一勧銀、富士銀行、日本興業の三行の統合）
　破綻処理後、外資系の資本注入となる

一九九七年の金融ビッグバン構想による統合政策のうち、総資産量世界一の「みずほ」は優良債権が少なかった。純国産銀行はＭＵＦＧしかなかったが、他はすべて外資の資本注入により生き延びていたのだ。日本の銀行の発想がいかに遅れていたかが表れている。

4　銀行員大規模リストラ時代の予感

ブロックチェーン技術が台頭し、非中央集権の金融が当たり前となる近い将来において、日本の金融機関はどうなってしまうか？　簡単である。これから、間違いなく、大規模な合理化、リストラが始まる。

コンビニに銀行ATMが置かれ、インターネットバンキングが普及し、スマホにウォレットがあるのが現代だ。ブロックチェーンベースでスマホからの入出金が簡単にできるようになると、従来の銀行支店網は意味をなさなくなる。つまり、大量の銀行員を抱える必要がなくなる。

合理性を重視する外資系は、リストラにはまったく手加減しない（銀行に残れるのは本当に優秀な人材だけとなる）。外資注入のあるメガバンクは真っ先に合理化の嵐にさらされるであろう。

5 銀行を必要としない時代が到来する可能性

ブロックチェーンベースのウォレットに高度なディーリング環境が整うようになれば、個人投資家が急速に拡大していくことは間違いないだろう。銀行を必要としなくなるというのは少々乱暴な言い方かもしれないが、少なくとも馬鹿高い手数料（情報を動かすだけで一件一〇五円！　法人だとなんと七三五円!!　年間何回取引があるのだろうか……）を取るような銀行は顧客に見放されるようになるだろう。

大手銀行はともかく、中小金融機関の情報設備は驚くほど貧弱なもので、インターネットとデジタル液晶テレビ、今で言うとアイフォンやウォレットのようなデジタルデバイスが普及すれば、おそらく、一般家庭で中小金融機関と同等、あるいはそれ以上のディーリング環境を手に入れることができるのだ。

為替市場は二四時間眠らない市場であり、自宅でレートを見ながら好きなときに売りや買いの注文を出すことができる。普通の主婦がＢＴＣ／ドルのトレードを行い、夕食の食材を買いにいく三時間で三万円ほど稼ぎウォレットに入金する。そんな時代が、もうすぐそこに迫っているのだ。

6　中国の人民元の上昇

今後、中国人民元が上がることは間違いなさそうだ。中国人民元を持っていれば、恐らく二〇二〇年までは儲かる。ある人に言わせると、中国人民元を持っていなくても香港ドルを持っていれば、中国人民元の上昇と合わせて香港ドルが上昇するはずと言う。

確かに、今は中国の深圳では香港ドルと中国人民元が同価値として通用している。しかし、人民元が二・一％切り上がった時点で、深圳駅にあるマネー交換所では一香港ドル＝一・〇五六から一香港ドル＝一・〇三五になった。二・一％人民元が高くなった。「香港ドル＝人民元」とは将来ならないということだ。

日本にいて情報を仕入れているのと、現地で実際に見て体験するのとは大きいズレがあるのだ。

7 将来の日本円

中国人民元が上昇する将来は、日本円の価値が下落することを意味する。このことは何を意味しているのだろうか？

日本の常識は世界の非常識である。日本の社会は、世界から見たら社会主義国である。「官」主導の社会主義であり、世界で一番規制の多い国であり、ビジネスの世界では足かせが多すぎる国である。

一九七〇年代からの工業化社会では世界の奇跡と言われたように、日本円の価値は上昇をきわめた。このことについては、我々現在の日本人は、高度経済成長期を支えてくれた諸先輩に深く感謝しなければならないことだ。

しかし、現在、世界経済の激変の中で、日本の経済の本質も考えねばならなくなっている。今後、中国人民元の上昇と共に日本円の価値が下降するなら、日本で資産を貯めこんでいるだけではその価値は半分以下になることを意味する。

一億円の資産（土地建物）、または一億円の現金預金は、将来半減して三、〇〇〇万〜四、〇〇〇万円程の価値になるとしたらどうする？

答えは外貨を稼ぐ事業を持つ（起業する）、海外で資産を持つということになる。

(3) 為替の変動要因

基本的に六つの要因で為替相場が動いている。

1 貿易収支……貿易が黒字ということは、外国の金をたくさんもらったということ、だから、自分の国の金（円）に交換する者が多くなる。円を買う人が増えるから、円はどんどん高くなる。

2 **金利**……金利が高い国は、儲かるから外国の金もどんどんくる。アメリカが日本より金利が高いなら、ドルを買う人が多くなる。ドル高→つまり円は売られて安くなる。

3 **株価**……株価の上昇している国は、外国の金が集まる。だから、もし日本の株価が高ければ、日本の円が必要だから、円を買う人が増える。円高になる。円安と株価が連動する理由は、外人が日本円建てで日本株を買うため、円ショート（円売り）で為替リスクをヘッジしているためである。

4 **景気**……景気が良ければ金は集まる。株価も金利も高くなる。だから、もちろん円を買う人が増える。日本の円高となる。

5 **決算期**……現在、世界に多くの日系企業が進出している。日本の景気が大幅な黒字であれば決算時に株主へ配当するから、各国の通貨を円に交換する。世界の日系企業が円を買うから、円はどんどん高くなる。日本の企業は三月決算が多いため五月〜六月頃まで動く

6 **G7**……世界主要先進国（アメリカ、カナダ、イギリス、イタリア、ドイツ、フランス、日本）の財務省達の会議。このG7の決定を受けて為替相場は動く。

7　通貨が安いと貿易（輸出）が増えて儲かるか？

残念ながら現在の世の中、そうはならない。もし、円が急落したら

①　海外の金が逃げる
②　株価が急落する（金を引き上げるのだから株も売る）　←
③　企業などが倒産する（株価が安く、金が集まらないから）　←
④　失業者が急増する　←
⑤　個人消費が落ち、景気が悪化する　←
⑥　政府が市場介入し、自国通貨を買い支える　←
⑦　外貨準備高がなくなる（外貨がなくなる）円を買うのだから　←

↓
⑧ デフォルト（債務不履行）に追い込まれる
↓
⑨ ＩＭＦの融資をあおぐ
↓
⑩ ＩＭＦによる政策介入
↓
⑪ 一時的にさらに景気は悪化する
※つまり、円高じゃないと、本質的には、困るのだ。

8 円高なのになんで輸出（貿易黒字）は減らないのか？

悪い張本人は、輸出企業（円高をつくってしまっている。つまり日本の製造業だ）。
① 円高だと、輸出が困難（儲からん）になり、「政府」にかけ合う。
「なんとかしてくれ!!」

↓

②政府が市場に介入し、円高を抑える。
←
③その間に、輸出企業は、リストラや下請けイジメなどで体制を整える。
←
④あいかわらず、せっせと輸出を増やす。
←
⑤外貨を稼いでくる。
←
⑥さらに円高になる。

9　円高なのになんで輸出（貿易黒字）は減らないのか？

①円高になると、物価は安定（むしろ下落）する。
②理由一：海外の安いものがどんどん入り、国内の製品も対抗上、価格を下げざるを得ない。
③理由二：円高不況になり、商品がだぶつき、大幅値下げしてでも売らないといけな

くなる。
④円高になれば、消費者は、同じ給料のままでも、購買力は高まる。また海外旅行も増える。

10 為替相場はどう読むか？

新聞や雑誌で専門家の意見は当たらない。なぜか？
理由一：マスコミは、極端な見方をする人を珍重するから
理由二：常識的な見方は、誰も注目しないから
自分で推測する方法
①一週間～一カ月程……短期
②三カ月～六カ月程……中期
③一年以上…………長期
※大切なのは、中・長期的な流れ（トレンド）を見ることだ。

(4) 為替の三つのリスク

1 何もしないリスク……リスクを取らない＝資産が増えない
2 為替変動リスク……予測の失敗＝為替差損
3 信用リスク……銀行など、選びの失敗＝倒産

練習問題

●イランで戦争が起こった。あなたならどうするか。自由に答えなさい。
●米中冷戦が起こった。あなたならどうするか。自由に答えなさい。
●アルジェリアでイスラム過激派が逮捕された。あなたならどうするか。自由に応

えなさい。

●日本の銀行が倒産した。ペイオフで一、〇〇〇万円は手元にある。円安傾向でインフレになることが予測されるが、日本国内の景況感は悪い。あなたなら今後の投資方針をどうするか？

●中国人民元が緩やかに切り上がる発表がなされた。一方、米ドルは下落傾向にある。日本の円は円高傾向である。手元の円をあなたならどうするか？

●北朝鮮と韓国が戦争を始めた。あなたの手元に一、〇〇〇万円あったとする。あなたのポートフォリオを自由に答えなさい。

●ドル円一四〇円が関東大震災後についた。あなたが資産保護をするには、どのような手段が考えられるか。

●日本国債が暴落した。それにより世界における円の国際競争力が弱まり、ドル円二〇〇円になった。しかし奇妙なことに、日本国債の格付けは、格下げとなっていない。さて、あなたならどうする？
●円高ドル安傾向が一〇年以上続くことが予想される社会において、ドルを活用して確実に儲ける方法を提案しなさい。
●FRB議長、イエレン氏が、テーパリング（量的緩和縮小）の可能性を言及し、株式市場が暴落した。景況感は悪く、民間は消費を抑えるばかりである。あなたならこの後どのような投資を行うか？

2

財務・会計はしっかり身につけよ

常に遭遇する強敵と対等に渡り合えるよう

財務・会計は、ビジネスの成功に必須と言える科目である。くり返しになるが、経営は経理と営業である。その経理の一角を占めるのが、財務・会計である。

いかなる経営者も、あるいはマネジャーも、財務・会計で使う最低限の知識は必ず頭に叩き込んでおかなければならない。

財務・会計とは、企業の血液とも言える「お金」を管理し、増やすための強力な武器、それも単なる剣や銃と違う、核ミサイル並の、空中戦を制するレベルの武器になると認識すべし。財務・会計、またそれに伴う税については、徹底的に勉強をし続けることが大切である。

経営における財務・会計の存在意義は、言うまでもなく「お金」を管理し増やすことである。財務・会計に精通するためには、そもそも「お金」とは何なのか、そして「お金」を稼ぐのに長けている人（成功者）はどのような思考を持っているのかを知っておかなければならない。

そこで財務・会計の基礎知識を習得する前に、まずは「お金」についての基礎知識と題して、「お金」を稼ぐ成功者と、「お金」に稼がされる貧乏人の違いについて説明をする。

◆お金の基礎知識…多くの貧しい人達と成功者との比較

(1) 多くの人達は、「お金のために働く」。だから一生、生活（お金）のために働くことになる

拝金主義者は、一生お金に困る餓鬼道を突っ走る。欲に駆られる人生に、お金のために働くという貧しい価値観に縛られたまま、不幸に満ちあふれ、最後は死んでいく。誤解を恐れずに言えば、貧乏はいわば成人病のような生活習慣病であり、一種の病気なのだ。

貧乏になりたくなければ、そして一生、生活のために働きたくなければ、自分のお金を働かせ、お金を生む本当の資産を持たなければいけない。

会計士の先生が成功者になれないのは、貸借・損益の詳細は知っていても、お金の流れについては本当に実感したことがないからである。

資産とは、それを持っていれば、なにもしなくてもお金（収入）が入ってくるものを指す。
負債とは、それを持っていれば、なにもしないのにお金（支出）が出ていくものを指す。

多くの人は、

①毎日、一生懸命仕事をする。
②先に社会保険や税金を引かれた後で給料をもらう。
③その残った給料で、その他の支払もする。
④最後にあまったお金で、生活する（欲望のまま、お金を使う）。

欲を管理することができず、最後は欲で身を滅ぼす。貧乏という病気にかかった者は、オペをしない限り一生貧乏で居続ける。

●多くの（貧乏な）人達のお金の流れ　自分が働いて稼いだ収入

収入（給料）	費用（税金、保険、ローン、衣食住費、娯楽費）

※多くの人は、残るお金より出て行くお金のほうが多いのである。この図を見ると費用のために働いているのではないかと思わせる。そして貯金・節約をして、お金から嫌われる。

貯金・節約は馬鹿のすることである。資産形成と資産を生み出すための投資ができない人間は、一生貧乏であり負け続ける。

(2) 成功者は「自分のお金を働かせる」

成功者は、毎日の生活（お金）のために働かない。毎日、どうやったら、一生、働かなくても済む方法があるか考え、自分の頭とお金を働かせる。支払も自分の収入からではなく会社の費用から支払をする。

成功者は、

①頭脳を駆使し、お金を働かせる。

②税金を引かれる前に、自分の支払を済ませる。

③さらに、お金を増やすためにお金を使う。（自らの欲望は後回し）

●成功者のお金の流れ

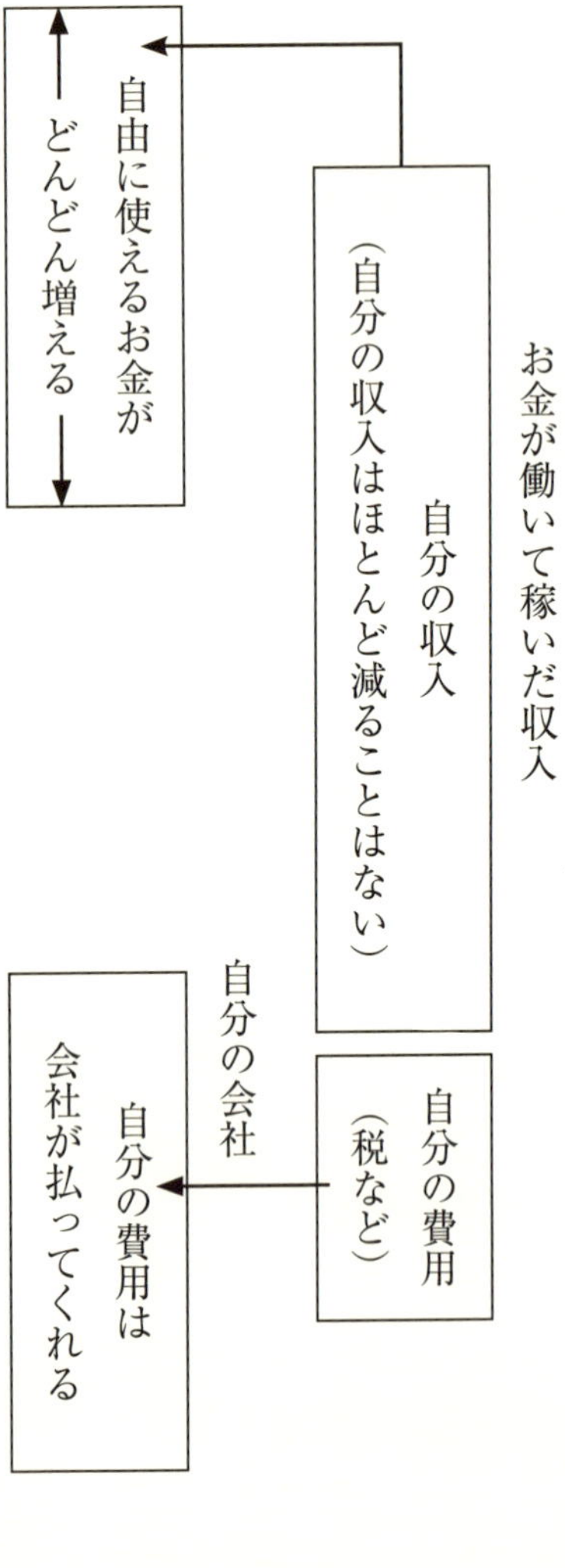

(3) 一生懸命働いて稼げば、金持ちになると思っている人達

①今まで以上に仕事をする。
②給料も増えるが、社会保険や税金も増える。
③さらに、車やマンション、住宅、そして、色々な理由を付けて贅沢品を買う。
④結果的に前より苦しくなる。
⑤結婚して、子供ができればさらに苦しくなる。

●自分が一生懸命働いて稼いだ収入

※負債の欄に車やマンション、住宅等、一見資産と思われる物が入っているが、買って次の日に値が下がる物は、本当の資産ではない。下らない見栄、下らない欲に自身を動かされてはならない。
年収二、〇〇〇万円くらいの家計所得の人に多い。

(4) 成功者が持っている真の資産とは

会計士は、資産マイナス負債＝純資産　だと教えてくれるが、現金（収入）を生まない資産は、本当の資産ではない、という真実は教えない。

本当の資産とは実際に、その場にいて労働しなくとも入ってくる収入のことである。

例　・値の上がる株や不動産
・特許
・印税
・その他、収入を生み出す市場価値のある物などなど

だから、ローンで家や車を持っていても、資産とはならない。翌日、人に売ったら、売値は安く、税金を引いたら借金しか残らないのだ。こんなものを買っても、金持ちとはならない訳だ。

(5) 自分のBusiness（会社）を持って、収入を増やせる資産を持つこと

成功者は、自分のBusiness（会社）を持ち、節税したり、お金が増える物（資産、ビジネス）にお金を使う。もっぱら支払は、本当の資産を買うための支払が、増えていく。負債を減らし、資産を買う（投資）を増やす。ますます成功し、金持ちとなるのである。

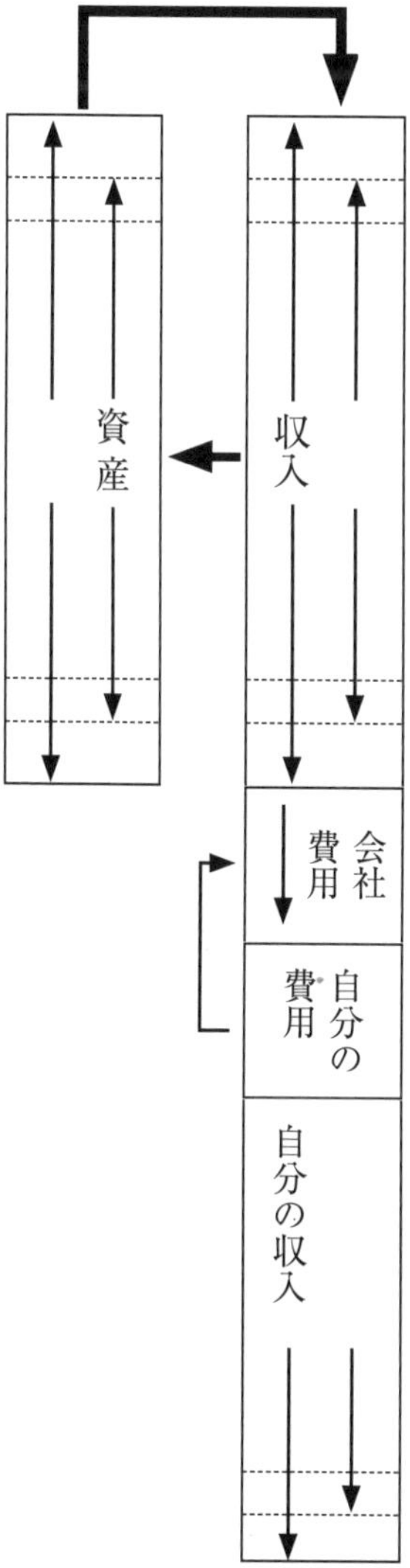

※資産からのキャッシュフローのうち、余った分を再度、収入を生む資産へ投資する。このサイクルが確立すれば、収入はどんどん増えていく。

(6) 投資家になろうとする人が少ないのは？

たいていの人は、一生懸命に稼いだお金を誰かに渡してそれが返ってこなかったらいやだと思っている。損をするのが怖いから、どんなに大きな利益を生むものであろうと投資にはまったく手を出さない。

つまり、自分のお金は絶対危険にさらしたくないという人が多い。

年金を支払って「安全」を手に入れたい人は、将来、その元金を取り戻せるかどうかさえ知らないでいる。本当の投資家は、多くの人が思っているほど危険なことをしている訳ではない。必要なのは技術（知識）と心構えだ。

実は、日本社会は金融事業者にとって極めて有利な税制になっている。

株式収入に対してかかる税金はいくらか？　たったの二〇％である。

事業者は、法人事業税・住民税を合算すると四〇％超取られ、個人所得として確定申告をしたとしても所得税・住民税で最大四八％も取られるにもかかわらず、利子所得・株式売却益は税率二〇％（法人税の約半分！）なのだ。

これが何を意味するのか？　実業を創り、雇用を生み出し、リスクを取る経営者には多額の税が課され、「実業にお金を貸す金融業者」の営業収益は著しく安い税率で国の保護も受けられる。

こういった事実を見ると、日本国を支配しているのは一体誰なのか、よく分かるだろう。

・大切なのは、いかに他人にお金を払わせるか、いかに他人の時間をもらうか、いかにお金に働いてもらうか

一、〇〇〇万円の値打ちのある家を見つけ、交渉の結果、破格の七〇〇万円で家を買えたとしよう。得をしたと思って銀行ローンでこれを買う……これは普通の人の発想である。ビジネスオーナーや投資家の人は、どのようにして、「自分の借金を他人に払わせるか」、を考える。お金の流れを知っているのだ。

この家を評価通り一、〇〇〇万円で売る広告「売家。売主直売。銀行ローン不要。頭金は低額。月々の返済も楽々」を出す。すると、問い合わせの電話がどんどんかかってくる。

そして、家は「包括抵当」を付けられた形で売られ、頭金一〇〇万円は買った人からもらって自分の借入する銀行の頭金に、そして自分が六〇〇万円の銀行ローンを組み、売った人からの九〇〇万円の月々の支払い分からローンの毎月の支払をする。

もちろん、利子分は自分の六〇〇〇万円より九〇〇〇万円の方が多くなるので、自分は儲かる。買った人が支払を完結しなければ、抵当権を利用してこの家は自分のものになるのでリスクはない。

その場合は、また、広告を出して別な人に同じ方法で売る。この条件で持家が手に入るなら、買い手はいくらでもいる。

大切なのは、いかに他人にお金を支払わせるか、いかに他人の時間をもらうか、いかにお金に働いてもらうか、である。

練習問題

●あなたが手元に一〇〇〇万円の預金を持っていたとする。年収は四〇〇〇万円あり、昔からの友人から二〇〇〇万円を貸して欲しいと頼まれた。金利は法定金利ぎりぎりの一五%／年。あなたならどうするか?

●あなたは一文無し。年収○円のフリーターだったとする。ひょんな縁で、お金持ちの経営者と知り合い、一○○万円ばかりお金を貸して欲しいと頼まれた。サブプライムローンで四億円近くをすってしまい、他の資産はすべて投資に回してしまっているため手元の現預金が無いとのこと。身辺調査をかけたところお金持ちであることは間違いないらしく、立場もある成功者であることが分かった。
しかしあなたには手元のお金がない。あなたならどうするか？

●ある大成功した経営者が、取り込み詐欺に遭ってしまい一文無しとなってしまった。お金がなくなっても豊富な人脈を持つこの経営者と仲良くなりたいと思ったあなたは、何とかしてこの経営者の役に立ちたいと考える。
この経営者の最後のニーズは家を、家族を守ること。しかし当然あなたには彼の豪邸を買い取るほどの資金はおろか、何一つの資産も有していないとする。

あなたならどのようにして彼を助けるか？

◆財務・会計基礎知識

財務・会計を学ぶに当たり、「財務諸表」といわれる、企業の経営実態を表した「決算書」の存在と内容を理解しなければならない。

財務諸表とは通常、⑴損益計算書、⑵貸借対照表、⑶キャッシュフロー計算書、⑷株主資本等変動計算書、以上四つの書類を指す。

ここでは、財務諸表の基本中の基本書類となる、損益計算書、貸借対照表について解説する。

⑴ 損益計算書（インカムステートメントまたはP／L〈プロフィット＆ロス・利益と損失〉）

損益計算書とは、企業のある一定期間における収益と費用の状態を表す決算書のことである。つまり、一定期間、企業が儲かったのか損をしたのか、なぜ儲かったのか、なぜ損をしたのか、ということがわかるのだ。この損益計算書が自ら書けないと経営者ではない。最低限、読みこなせなければ、一流のビジネスマンとは言えない。

新会社を立ち上げたり、新事業・新商品開発を検討したりする際は、まずこの予想損益プランが頭に描けなければ、いくらの金が必要で、いつ頃儲かるのか、それに基づいてどのように予算設計をするのか（あるいはどのように借入金を返済するのがベストか）などいろいろなことが予想できる。

また、損益計算書は、会社の運営上、どんな費用がかかりすぎているのか、または無駄であるのか、そして、売上がいくらあればどのくらいの利益が出るのか、など多くの経営戦略プランを検討するのに大変重要な数字である。

人任せにすると、自分の会社ではないから実態を知らないアドバイスになるし、処理も遅くなるから、やるべきことの手を打つのが遅れて、経営に役立たないものとなる。

※会計事務所と契約するのは「税務署対策」のためと世の経営者は思っているが、とんでもない間違いである。もっと立派な会社になって、自分では手がかかるようになって、人に任せていく。しか

し、ポイントはすべて自分が把握していて、まかせた者の間違いが指摘できるほどでなければいけない。

損益計算書や貸借対照表は、営業員や企画立案者や、管理者もよく理解できていなければ、仕事のポイントがずれてしまうことになるので、サラリード（サラリーマン）であっても必要な知識である。

社員・部下など、自分の会社・事業部で人を雇ったら、まず先に会計の勉強をさせるべきである。会計のロジックを知り、売り上げと経費、営業利益と税率、税引き後利益などの違いを理解するようになれば、社員ら・部下らも、「私らが稼いで会社を支えている」、「私は月にこれだけ会社に儲けさせているのだから、もっと給料ちょうだい」という共産主義的発言はしなくなる（どうしてこんな大事なことを、学校の義務教育で教えないのか不思議である）。

社員が本書に記載されている最低限の会計力を身につけていれば、大切な戦力となると思う。旧態依然とした工場ワーカーが必要であった時代は過ぎて、現代は、もっと知的ワーカーを必要としているからである。

損益計算書とは「儲かる仕事」（売上）であったのか、を知るためのもので、金の流れとはちがう。

まだ入金されていない（売掛金）、まだ支払もしていない（買掛金）を前提において売上は計上されて、その仕事で粗利益（売上総利益）はあったはずだが、実際どんな費用がかさんだのか、要は儲かったのか、などと知る上でとても大切である。

販売価格が適正か、直接コスト以外にどんなコストがかかるのか、最も経費として重いのはどこか、などは、損益計算書を読みこなすことで、しっかりと対策を立てられる。

〈損益計算書詳細費目〉

1　営業損益の部

売上高　－　売上原価　＝　売上総利益（販管費　＋　営業利益）

（材料仕入）　　→販売費及び一般管理費

2　営業外損益の部（実際の仕事以外の儲けや損……ほとんど金融上のやりとりのこと）

営業外収益　－　営業外費用　＝　営業外損益の部の利益（または欠損、マイナス）

・受取利息
・支払利息
・（割引料……手形を割引してもらった金利）受取った手形を銀行に持ち込み、期日まで現金を借りる際に発生する費用

・雑収入
・雑損失

※一般的に2の収支はマイナスになる。理由……借入している会社が多い。

売上　－　売上原価　＝　売上総利益
　　　▲販　管　費
　　　営業利益　±　営業外損益　＝　経常利益《けいじょうりえき》（ケイツネとも言う）

※一般的に言われる利益とは、「経常利益」のことを指すことが多い。

●損益計算書科目（P/L）一覧表（イメージ）

損　益　計　算　書

科目			金額	
経常損益の部	営業損益	営業収益		
		売　上　高		
		営業費用		
		売　上　原　価		
		販売費及び一般管理費		
		営業利益		
	営業外損益	営業外収益		
		受取利息など		
		営業外費用		
		支払利息など		
経　常　利　益				
特別損失				
税引前当期利益				
当　期　利　益				
当期未処分利益				

3　販管費（販売費及び一般管理費）

科　目

給与・手当…………役員報酬・社員の給与・手当

法定福利費…………社会保険料（会社負担＋個人負担）

福利厚生費…………制服・社員旅行など
広告宣伝費…………パンフレット・広告チラシ・宣伝費の印刷代
荷造発送費…………宅急便・運送代
通　信　費…………郵便小包・切手代・電話料・インターネット費用
旅費交通費…………出張・通勤・宿泊・乗り物代金
会　議　費…………弁当・食事代・飲食代
接　待　費…………なるべく無駄なお金を使わないこと。経営の鉄則
保　険　料…………車などの保険料
車両維持費…………ガソリン代・オイル代
修　繕　費…………修理代
事務用品費…………事務文具代
消　耗　品　費…………茶・コーヒー・紙・インクなど会社で消耗するもの
水道光熱費…………水道代・ガス代・電気代
図書印刷費（新聞図書費）……書籍・新聞代
地　代　家　賃…………事務所の家賃

賃　借　料……………リース代・レンタル代
支払手数料……………銀行振込料・手数料（相手〔客〕が差し引きした分も）
租税公課……………税金・収入印紙代
減価償却費……………実際には金は出ていない。資産を少しずつ減らしていくためのもの
雑　　費……………どれにもあてはまらない費用
※損益計算書（インカムステートメント）は「会社の収支（営業状況）を知る」のに必要である。

(2) 貸借対照表（バランスシート　B/S）

世の中のビジネスマン・経営者は、ほとんど貸借対照表や損益計算書が読めない、分かっていない人が多い。ビジネスマン・経営者である以上、この二つの書類は大変重要なものである（会計事務所の仕事と勘違いしてはいけない！）。

自分の会社の実態、相手（取引先）の会社の状態、取締役会・経営・銀行との交渉、事業計画書の立案、営業戦略などBusinessを行う上で必ず必要である。
※貸借対照表科目別一覧（イメージ）
※左右の合計はピタリ（一円）と一致しなければならない。

得た資金を元に、どんな資産を購入し、どう運用しているか？

貸借対照表（B/S）			
科目	金額	科目	金額
資産の部		負債の部	
（流動資産）		（流動負債）	
現金		買掛け金	
預金		未払費用	
売掛金			
商品（在庫）		長期借入金	
		短期借入金	
固定資産			
（有形資産）			
機械			
土地		純資産の部	
建物		資本金	
（無形資産）			
権利			
繰延資産		利益金（または欠損金）	
資産合計		負債、資本合計	

貸借対照表とは、期末（または月末）時点で、会社にお金がいくら残っていて、商品がどれくらいあり、借金はいくらあるのかを明らかにしてくれる書類である。

「貸借対照表」は、アルファベットのT字型をしており、左側に「資産」、右側に「負債」、「資本（純資産）」を書く。

簡単に説明をしていくと、「資産」とは、「売ればお金になるもの」のことである。そのため、お金以外でも、商品や自動車、会社の備品などが、「資産」になる。「負債」とは、「借金」のことを示す。「資本（純資産）」とは、「商売の元手」のこと。

「貸借対照表」のとても大事なポイントは、左側の合計と右側の合計が等しくなる（一致する）ということだ。なぜ等しくなるかというと、前の図にあるように「負債」と「資本（純資産）」は、「どこからお金を調達してきた（持ってきた）のか」を表しており、「資産」は、「そのお金をどのように使ったのか」を表している。

お金の調達元に記録された金額と、そのお金と同等のものを資産として等価交換しているわけだから、金額が等しくなるのは当たり前のことなのだ。お金は費用にならない限りなくならない。お金は別の資産に形を変えて、左側の数値にその姿を表す。長い期間、資金を生んでくれるものは固定資産となり、短い期間、資金を生んでくれるものは流動資産となる。

会社とは、資本金を使って（または借入金を使って）、機械や車を買ったり、ものを仕入れたり、給与を払ったりして動いて（経営活動・営業活動をして）いる。

儲かっていれば利益が出ているし、損していれば損金が出ている。

経営を効率化させるポイントはとにかく、早くお金を回収して、遅くお金を支払うことだ。現金化できる流動資産を増やし、支払いを先送りできる固定負債を増やす。

バランスシートで言うと、左側においては、できる限り上に上に数字を寄せていき、右側においては下に下に数字を寄せていく（そうすると最後は純資産が大幅に拡大する）。

① 売掛金が多く未払費用（未払給与、未払金。本来払うべきなのに払っていないお金）や買掛金（仕入。飲み屋さんでいうツケ）が多ければ、金の流れが悪い会社である。

②資本金（自己資本）＋利益金（剰余金）が多くて、借入金（他人資本、借金）が少ない会社は強い会社である。
③数字を眺めていると、目立つ数字が必ずある。そこがその会社の良い点、悪い点である。
④前年度（前期）や前々年度（前々期）など三年程を比較すればもっといろいろなことが分かるし、今後も推測することが可能である。
⑤固定資産や繰越資産を見れば、償却（減価償却）の中身も分かるし、減価償却が多くてなお、利益が出ていれば、会社の利益（儲け）の実力が分かる。
⑥短期・長期の借入金と資産とを比べれば、何に金を投資しているか、借入金の使い道も読める。
⑦会計士・税理士や銀行や証券マンらが、バランスシートを読むより、実際に会社経営の経験のある者や、ものを売ることの大変さを知っているセールス・マーケターが、商売の「心」を読める分だけ、より実態をつかむことが可能である。

※財務・会計は、とにかく重要なので、徹底的に勉強する方がよい。

※貸借対照表（バランスシート）は、「ある時点での会社の金の中身を知る」のに必要である。

(3) キャッシュフロー計算書(C/F)

財務・会計項目において、最も重要なのは、キャッシュフローの管理だ。B/S(貸借対照表)、P/L(損益計算書)はもちろん大切だが、最も重要なのは、C/F(キャッシュフロー)だ。

現金がなければ会社は死ぬ。現金さえあれば会社は生き延びる。事業を起こし、発展させていく上で、C/Fは欠かせない。

創業したばかりの頃、特に複式簿記が苦手なときは、とにかく預金通帳をにらみ、入金と出金を、常にエクセルに入力していく。

創り方は簡単で、行に期間を入れ(二〇一七年一二月――二〇一八年一二月、等)、列に入金、出金項目を記載する(交際費、家賃、人件費、など)。

ここでのポイントは、銀行の振込手数料数百円単位、あるいは、消費税の数円単位まで、**一円たりともぶれることなく**、C/Fに記入していくことである。一円たりともだ。

そして、毎日入力をする。起業して間もない頃は忙しいかもしれないが、C/Fの更新の方が圧倒的に重要だ。

業務が終わったら、必ずC／Fに入力をする癖をつける。B／Sは会社の未来を表し、P／Lは会社の過去を表わすとすれば、C／Fは会社の現在を表す。

いくら過去をさかのぼっても、いくら未来に希望を持っても、現在の足元がおぼつかなければ、会社経営などできようもない。まずは現在の足場固め。

そのために、毎日何が起こっているのか、それをすべて記録していく。C／Fは、会社経営の確かなツールになるはずだ。

基本的な考え方として、経営＝経理と営業だとすると、⑴営業（事業）活動を行う、⑵それを記録（経理）する、という二つの仕事しか、経営には存在しない。

そして、経理を行ううえで便利な順番は、C／F（キャッシュフロー）→P／L（損益計算書）→B／S（貸借対照表）の順番に、管理を進めていくことだ。

例えば資本金一〇〇万円の営業会社を作り、広告代理店事業を始めたとする。事務所を三〇万円（うち敷金二〇万円、すべて現金払い）で借りて、一カ月営業活動をしたところ、以下の数字があがったと仮定する。

・売上　二〇〇万円（三〇日サイトの入金）
・売上原価　一〇〇万円（三〇日サイトの支払い）
・電話代　二万円（現金払い）
・交通費　五万円（現金払い）
・印刷代　一万円（現金払い）
・交際費　五万円（現金払い）
・紹介手数料　三〇万円（三〇日サイトの支払い）

ざっと数字を見ると、現金払いをされているのが、家賃、電話代、交通費、印刷代、交際費であることがわかる。まずはじめに、C／F（キャッシュフロー）表を完成させる必要があるため、左記のようなフォームをつくり、現金出納帳を完成させていく。資本金は一〇〇万円である。

資本金一〇〇万円

家賃　三〇万円
電話代　二万円
交通費　五万円
印刷代　一万円
交際費　五万円
残金　五七万円

この現金出納帳（事実上C／F）ができたら、次に、P／L（損益計算書）を創り上げていく。シンプルに、以下のP／Lができるはずだ。

売上　　：二〇〇万円
売上原価：一〇〇万円
粗利　　：一〇〇万円
販売および一般管理費
家賃　一〇万円（二〇万円は敷金なので、B／Sの固定資産に計上）

現金 売掛金 敷金	57万円 200万円 20万円	負債 資本金 利益金	100万円 100万円 77万円
累計	277万円	累計	277万円

電話代　二万円
交通費　五万円
印刷代　一万円
交際費　五万円

営業利益：七七万円

つまりこの会社は現金こそ五七万円に減ったものの、利益を七七万円生む優良な会社であることがわかる。このように、C／FとP／Lをごっちゃに混ぜないことがポイントだ。

P／Lだけ見ると年間一、〇〇〇万円近く利益が出ている優良企業だが、C／Fを見るとまだ足元がおぼつかない会社であり警戒心は解けない状況だ。

その上で、B／S（貸借対照表）を作ると上段のようになる。

ご覧のとおり、貸借の累計（右側と左側）がきれいに一致した。

B／Sを創るコツは、P／Lの利益（または損失）をまず右下に計上する（利益金七七万円。転記するだけ）。

次に、現金出納帳に記載された残金をそのまま計上する。あとは、B／Sの各費用項目に振り分けていけば、必ず貸借は一致する。

この小さなレベルでは簡単に感じるかもしれないが、ここに固定資産の購入、減価償却の計上（固定資産が価値を失うことを前提に、一定の会計ルールで、固定資産の価値を費用扱いしていく仕組み）が加わっていくと、なかなか手ごわい仕分けになってくる。

これはとにかく練習するしかない。後述にたくさんの練習問題を記載したので、是非取り組んでみてほしい。

練習問題

問⑴　一月一日より資本金五、〇〇〇千円で会社を起こし、一月の帳簿を締めた

ら次のようになった。
売上　　六、○○○千円（当日締めの翌月一五日回収）
仕入　　三、○○○千円（当日締めの翌月末日払い）
人件費　　八○○千円（当月締め翌月一○日払い）
その他の費用　八○○千円（当月中に支払い）
上記の数字を元にP／L（損益計算書）とB／S（貸借対照表）を作成せよ。
（単位：千）

問(2)　一月一日より資本金一○、○○○千円で会社を起こし、一月の帳簿を締めたら次のようになった。
売上　　八、○○○千円
仕入　　五、○○○千円
在庫　　二、○○○千円
人件費　一、○○○千円

その他の費用　一、〇〇〇千円。
上記の数字を元にP／L（損益計算書）とB／S（貸借対照表）を作成する。
（単位：千）

※支払方法や受取方法は問(1)と同じ

問(3)　次の数字を一月に引き続き損益計算書と貸借対照表を作成せよ。
売上高　　　一〇、〇〇〇千円
仕入　　　　七、〇〇〇千円
在庫　　　　三、〇〇〇千円
人件費　　　一、二〇〇千円
その他の費用　一、二〇〇千円
二月三日に銀行借入　三、〇〇〇千円（利息年三％　五年返済当月より元金と利息を支払う）
二月五日　機械購入　三、〇〇〇千円（現金で支払済み）
上記の数字を元に損益計算書と貸借対照表を作成せよ。（単位：千）

※支払方法は同前。

問(4)　次の数字を二月に引き続き損益計算書と貸借対照表を作成せよ。

売上高　　　　　　　　　一三、〇〇〇千円
仕入　　　　　　　　　　九、〇〇〇千円
在庫　　　　　　　　　　四、〇〇〇千円
人件費　　　　　　　　　一、五〇〇千円
その他の費用　　　　　　一、五〇〇千円
三月二日　自動車購入　　一、〇〇〇千円（三年ローン　利息年三・六％当月より元金と利息を支払う）

※支払い方法は同前。

◆税についての基礎知識

日本において金持ち（豊か）になるためには、(1)保険料、(2)金利、(3)税金、(4)年金の、『四大ライフコスト（生活上の経費）』を徹底的に削減する必要がある。中でも税は、自らの収入と直結し、最大で五〇％をしめる非常に大きなライフコストであるので、税はできるだけ節税し（脱税は駄目）、自らの可処分所得を最大化させる努力が大切である。

(1) 個人の所得税

個人の所得税とは、一月一日から一二月三一日までの一年間に、実質受け取った所得（儲けの部分）にかかる税金のことである。

①個人の所得税（日本国）

ケース1：対象者が居住者（日本に一年以上住む人（日本人及び外国人））

普通の日本人は、日本国内で発生した所得と、日本国外で発生した所得も合わせて課税対象となる。非永住者（五年未満一年以上の期間、日本に住む人）は、日本国内で発生した所得と日本国外で発生した所得のうち、日本で支払われた所得と海外から日本に送金された所得についてのみ、課税対象となる。

ケース２：対象者が非居住者〔日本に一年未満の期間だけ住む人（日本人及び外国人）〕

日本国内で発生した所得のみ、課税対象となる。

(2) 個人所得税がかからない裏技

①市役所に海外転出届を出せば、非居住者となる。

②昔は海外に資産を持っているだけなら、日本で所得税はかからなかった（今はだめ）。海外の資産（外国の株式なら配当、不動産なら家賃収入、預金なら利子）から生じる儲け（配当、家賃収入、利子）は課税対象だが、『租税条約』により軽減（還付）される。

③所得の源泉を変えた場合（国内源泉所得から国外源泉所得に変えた場合）

④人的役務提供

海外に住んでいる日本人が海外の企業で働いても、日本では課税されない。それは、サービスの提供地が国外であって日本国内で勤務しているわけではないので、源泉が日本国内にないため。

(3) 会社の所得税

会社の利益は税金（約五〇％）を支払うものと考える。無理に税金を払いたくなければ、馬鹿正直に計上した経常利益の半分を支払って、良い会社に見せることはしなくてもよい。株式を上場したり、会社を売るときにやればよいこと。

しっかり、償却（減価償却）して、賞与積立金計上（引当金）や退職給与引当金計上などの節税をできる限りすること。銀行から金を借りたいだけの理由で、へたな黒字にして、税を支払うことは馬鹿げている（銀行は、赤字の会社でも、しっかりとした借入れ理由があれば、貸す。最近は厳しいけれど）。

※海外で会社を作った場合、日本にあるお金をシフトすることができる。海外の会社から利益を受けた場合は、法人税（所得税）がかかるが、現地での活動に費用がかさむようであれば、それを費用とすることができる（現地消費など）。

(4) 会社にかかわるその他の税——印紙はなるべく貼らなくてよいように工夫する

①収入印紙税

領収書、契約書などに印紙を貼る（印紙税を支払う）必要があるので、なるべく貼らなくてよいように頭に入れておく（印紙は書類を作成した方が貼る義務がある）。

②領収書

三万円以下の金額の領収書には無税。だから、二～三枚に分けて相手に渡せば、収入印紙の二〇〇円がいらないことになる。金額の線引きを知って、うまく利用すれば、年間大きい節税となる。

③契約書の税

基本契約書などと格好よく「基本」をうたうだけで四、〇〇〇円の収入印紙を貼る必要があり、相手（客）の印紙も会社で負担すると八、〇〇〇円も税を支払うことになる。金額を記入した契約書は、へたをすると一〇万円の印紙を貼るなどバカな税がいる。契約書に金額は入れず「別途発注書に定める」とし、見積書（発注書）などに金額をいれておく。

※事務所でもオフィス家具でも契約でも、会社は何でも格好をつけると損をする。

④**源泉税**

デザイン料と外注費の違い

「デザイナー」など外注した場合、支払金のうち、国内の個人（会社組織なら必要なし）には一〇％を預かり、支払った会社が納税する義務がある。本人（デザイナー）は、自分で申請（申告）して還付をもらう。

※海外の個人デザイナー、アーティストへの支払は、非居住者として二〇％を預かり、会社から納税する。めんどうなら、支払（相手よりの請求書）明細に、デザイン費・アーティスト費用と書かない。

・社員の給与は、税務署からもらえる「源泉徴収早見表」を見て、毎月給与から差し引き、会社からまとめて納税する。

・所得税は、個人で年一、八〇〇万円を越える課税対象額になると、所得税（源泉税・国）が三五％、市県民税が一五％となり、約半分も税を支払うこととなる。高額な役員報酬や社員給与は考えもので、もっと頭を使った支給の方法（節税）をすること。

※税務署は恐いところでもなんでもない。できる限り節税し、否認（認めてくれない）されたら税を支払えば済むもの。ほとんどの社長はびくびくするが、そんな必要はないと知るべし。ただし、脱税は絶対だめ。

(5) 堂々とすべき会社の節税と注意点

①従業員の賞与引当金をしっかり計上する。

決算月に今後支払う賞与（年二回なら、次に来る分のみ）を引当計算する。六月に支払う予定で三月末決算なら三カ月分を引き当てることが可能。

②従業員の退職給与引当金を計上する。

退職金給与規定を作り、三年以上勤務の者に支払うとうたえば、三年以上の社員全員の分の基本給の年数月分を計算する（三年なら三カ月分）。

③無駄な接待交際費は会社として計上しない。

交際費を認めてもらっているからと正直に計算すると、決算処理のとき、二〇%を所得としなければならず、結果的に一〇%の税を支払うはめになる。また、経費だからと言って無駄な接待交際費が出ていく会社にろくな会社はない。無駄な経費は一切使わないことを心がけよ。

※少ない交際費なら、厚生費、会議費や他の費用で計上し接待交際費と計上しないこと。

接待費が必要なときは、ポケットマネーで支払い、領収書をもらわない。

④減価償却をできるだけ多く、早い償却年数で償却する。

⑤車や機械をリースで買うと節税できるはウソ。

結局、金利などが高くつき、損となる。とにかくお金を出さないこと。お金のかかる節税は、すべてフェイクであると考えること。C／Fを徹底管理していれば、誰でもわかる。

※車なども見栄をはらない。安い方が結局は得。「税金を払うくらいなら」と社長は高額な車を買うのが常である。これは注意で、「現金を残すのが勝ち」と知れ。

節税のコツと大切なことは

・金を使ったらダメ（金を残せる方法を選ぶ）。

・実際に金を使ったものの、領収書で費用に計上したところで金は消えているのだから意味がない。

・会社の経費は、できる限り使わないのが良い会社。

(6) サラリードの節税

サラリーマンは、毎月の給与から給与の額に応じて、巨額な社会保険料という税金と源泉税（所得税）を取られ、その後の手取額の中でガソリン代や車のローン、食事代を支払わなければならない。

自分の会社に収入（売上）を入れれば、最低の名目給与で最低額の社会保険料で済み、そこからガソリン代や経費を使って残りの利益があったときしか源泉税（所得税）は支払わないで済む。そのため、理想プランとしては、年収一、〇〇〇万円以上稼げる能力が身についた後は、個人用の資産管理会社を持つことをおすすめする。

また、サラリードの状態でも効果的に節税をする裏技がある。

自分の会社にコンセンサスをとった上で、額面給与を最低給与に設定してもらうことだ。そうすることで、個人に対してかかる所得税、住民税が限りなくゼロに近づく。翌年の住民税も安く済む。

サラリードで稼ぐ状態であったとしても、会社と個人がしっかりと協力し合うことで、できるだけ無駄なライフコストをかけないことが大切である。

(7) 消費税（海外ではVAT　value added tax　付加価値税、売上税）

日本は、売上げの八％、中国は一七％、フィリピンは一二％。消費税は国によって違う税であり、すべての国民、法人にとって必須の税であるので、必ず細かく調べること。

日本の消費税のしくみ（法人）

(1) 年商（年間の売上高）一、〇〇〇万円以下は、消費税を支払う義務なし。

※お客様へは売上げに八％をのせて請求する（この八％は大切な利益となるので）

(2) 年商一、〇〇〇万円超え五、〇〇〇万円以下は、「みなし課税」制度利用可。

※五、〇〇〇万円を越えても可能。毎年越えるようになったら、きちんと受け取り消費税（仮受取消費税）と支払い消費税（仮支払い消費税）とを区別計算し、毎月の試算表に計上しておくこと。

事業規模で年五、〇〇〇万円以下と考えられるなら、ともかく税務署で「消費税のみなし課税」の申請をしておくことが大切。

・みなし課税とは？

小規模の会社の消費税計算と税の控除などを助けるために業種に分類して納税額を定めている。この制度を活用すれば会社の利益が増えることになるので、しっかり頭に入れ応用すること。

卸売業――――ホールセイラー、問屋……………九〇％
小売業者――――形を変えずに販売（小売）…………八〇％
製造業――――農林、漁業、建設………………七〇％
その他の業――金融、保険、飲食…………………六〇％
サービス業――運送、通信、不動産………………五〇％

※みなし課税は、業種で納税額を（売上げマイナス仕入）を％で決めて、支払うというもの。

A社が卸売業者なら、受取消費税（預かり消費税）の九〇％をカットして支払う（納税する）。兼業者は、全売上げの七〇％以上占めている業種でみなす。

もし、コンピュータ関連であっても、売上げの七〇%以上がパソコンや機械の小売りであれば、「小売業」として、みなし課税の適応をすれば、三割（三〇%）も得をすることになる。小売業八〇%カット、サービス業五〇%カット、まったく仕入の発生しない（支払消費税がほとんどない）人件費商売のサービス業は、みなしなら五〇%得する。（仕入が五〇%あったとみなす、支払消費税が五〇%あるとみなす）

(3) 年商五、〇〇〇万円を越える会社は、「原則法」での支払い。

・「原則法」とは？

納税額＝（受取消費税マイナス支払消費税）

お客様 ←── 仕入・販売の会社 ←── メーカー ←── 原材料の会社

売上高		一億円	八、〇〇〇万円	
仕入高	一億円	八、〇〇〇万円	五、六〇〇万円	
受取消費税	〇円	五〇〇万円	四〇〇万円	二八〇万円
支払消費税	五〇〇万円	四〇〇万円	二八〇万円	
納税額	〇円	一〇〇万円	一二〇万円	二八〇万円

※海外との取引において、消費税は受け取ることも支払うこともないので、消費税と関係しない売上げとして別に計上しておく。

※国内で仕入れて（支払消費税あり）、海外へ売った場合は？　きちんと申請すれば、支払消費税は還付される（このルールを使って悪いことをするやからが多く、よく逮捕されている、注意すべし）。

※公認会計士や税理士は、士という資格が剥奪される可能性があるため、税の仕組みは教えてくれるが、上手な利用の方法については教えてくれない。自分で勉強して、会計士、税理士にリーガルかどうかを確認していくほかかない。

※原則法（本則課税とも言う）の場合は、可能な限り支払い消費税を拡大させ、消費税のキャッシュアウトを最大限防ぐことが必要である。

3

金融の知識は最重要

創業時も、危機の時も、大きくする時も

◆金融の基本

(1) 金融とは(間接金融と直接金融)

金融とはお金を融通するということ。つまり、お金が余っている人から、お金が足りない人へ過不足を調整する、「お金の貸し借り機能」のことをいう。お金の流れかたによって、①直接金融と②間接金融という二つの種類に区分される。

①間接金融

間接金融とは、預金者から銀行に預けられた資金を銀行自身の判断で企業などに貸し付けることで資金が流れる金融の仕組みのこと。預金者が「間接的」に企業に対してお金を流していることになるため、間接金融と呼ばれる。

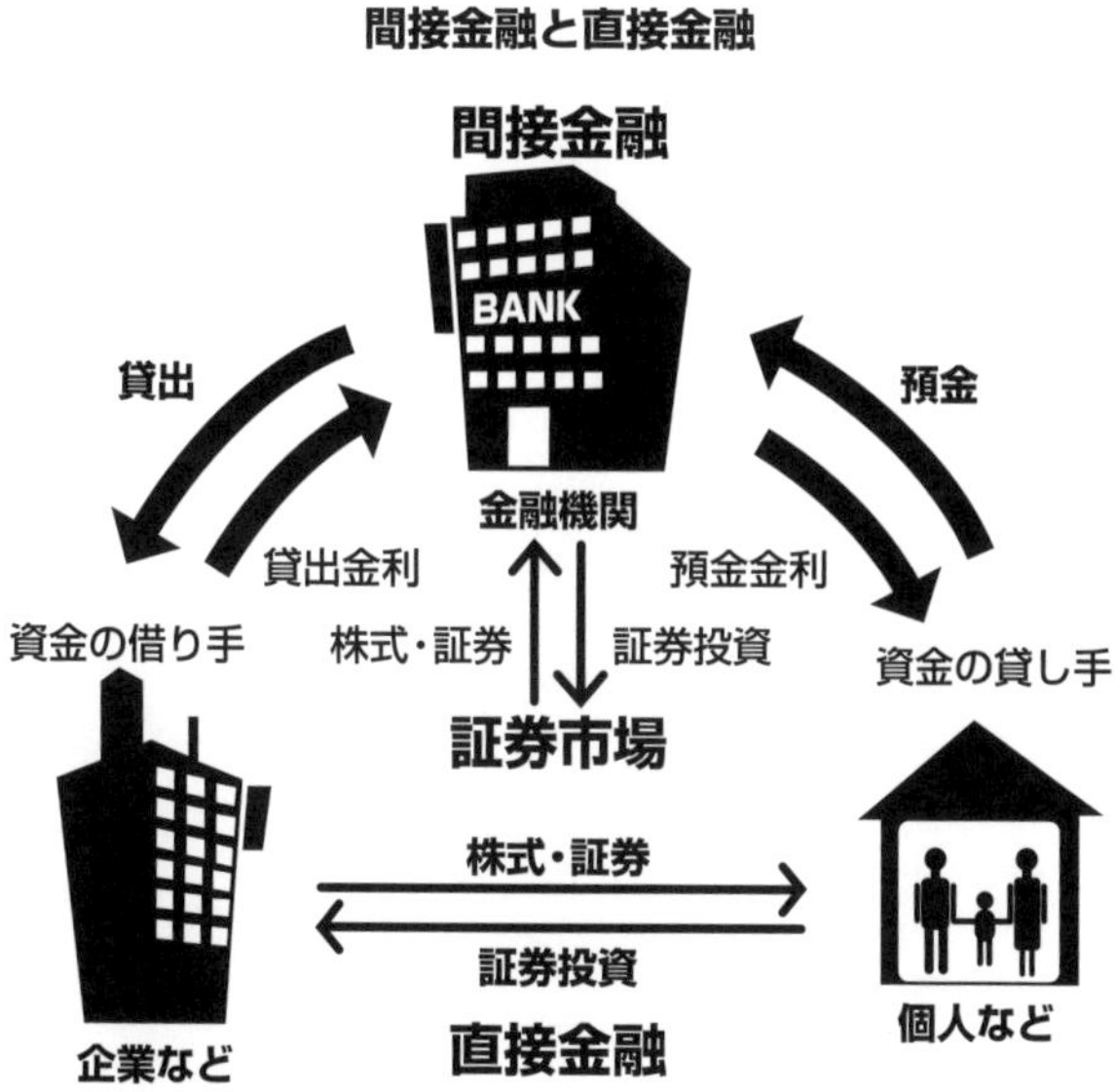

②直接金融

直接金融とは、投資家の資金がどの金融機関も経由せず、直接企業などに流れる金融の仕組みのこと。企業が株式や債券（社債、国債）などを発行して投資家に買ってもらい、事業に必要な資金を得るやり方。

個人投資家・機関投資家と、資金需要のある企業が直接つながりお金を流すことになるため、直接金融と言われる。

(2) 金融と政府と経済のつながり

「金融」、「政府」、「経済」の三者は、切っても切り離せないほど密接に繋がっている。それぞれのプレーヤーがどのようにかかわっていて、相互にどのような影響があるのだろうか。

1 国の国家予算の現状

国の一年間の国家予算は現在約九六兆円である。しかし税金の収入は年間わずか五五兆円前後であり、必要な国家予算に到底足りない。従って国債（借金）を発行する。私達国民が（銀行預金を通じて間接的に）国債を引き受ける。

現在、事実上国家予算の元となっている赤字国債発行総額はピーク時から減ってきているとはいえ年間で約三五兆円にも昇り、累積した国債の利子だけでも膨大な額になる（なんと一秒間に約一二〇万円、一時間に約四三億円も増えている）。

国債が返済できなくなったとき（日本の場合国債の債権者は国民なので、国債の金額が膨らみすぎて海外からの格付けが下がり、政府、財務省、ウォール街の圧力で半強制的に国内の民間金融機関が国債を手放し、金利が急騰を始めた時）、国はデフォルトする。

デフォルトするとＩＭＦが介入してきて、法外な金利を日本国に貸し付ける。結果、インフレになる。

この環境下におけるインフレとは、皆さんの資産略奪と同義である（円安、事実上の資産目減り）。日本の個人金融資産の一、八〇〇兆円が取り上げられる可能性は大いに考えられるのだ。皆さんはこのような状況をどのように考えるだろうか？

※国債とは国の予算が必要な時に発行する債券のこと。赤字を埋めるための赤字国債と道路や橋を作ったりするための建設国債がある。また、いつお金を返すのかによって短期国債（一年以内）、中期国債（二〜四年以内）、長期国債（五〜一〇年）、超長期国債（一〇年〜）がある。日本の国債は一〇年物の長期国債（約三〇％超）が大半を占めている。（二〇一七年一〇月現在）

2　日本銀行の役割

日本銀行（略して日銀）は国の通貨及び金融システムを管理する中央銀行としての役割を担っている。

ちなみに日銀（なぜか、ＪＡＳＤＡＱに上場している。不思議と思わない人は賢い）の株式は、四五％まで民間が持ってよいことになっているが、これまで株主が公表されたことはない。一節によると、ロスチャイルドグループが日銀の株式一部を保有しているという噂もある。

日銀は、一般企業や個人とのやり取りはしておらず、左記三つの役割を担っている。日銀は日本の景気を左右するくらい大きな影響を与えているということを理解すること。

1　**発券銀行**

日本で唯一お札を発行できる銀行。

2　**政府の銀行**

税金や国債を管理している銀行。

3　**銀行の銀行**

都銀や地銀にお金を貸し出したり、預けさせたりする銀行の銀行。

3　日銀の金融政策と経済への影響

日銀は、三つの役割を通じて金融政策を行い、経済の活性化を金融面から支えている。つまり経済の活性化をお金の供給量（世の中にどれだけお金が回っているか）によってコントロールしているのだ。

日銀が供給する通貨総量のことをマネタリーベースと言い、金融機関から民間に流れる通貨総量をマネーストックと言う。日本経済に限らず、金融資本主義の大きな問題点は、マネタリーベースは増えるもののマネーストックが増えず、結果インフレ傾向、物価高止まり、民間企業の経営圧迫、という三悪循環が起きやすいことにある。

お金の供給量が多くなると、お金の価値が下がり物価が上がるため、インフレの状態になることが考えられる。また、お金の供給量が少ないときはその逆の現象が起こるので、デフレの状態になることが考えられる。

インフレの懸念が出てきたときは、お金の供給量を減らし、景気の過熱に水を差す。これを金融引き締めという。逆に景気が落ち込んできたときはお金の供給量を増やす。これを金融緩和という。

日銀はこのように通貨の価値と物価の安定を狙い、日々の経済が活性化するように努めている。それゆえに通貨の番人とも呼ばれる。では具体的にどのような金融政策を実施しているのか。

①公開市場操作

日銀が銀行から国債などを買い取りお金の供給量を増やしたり（買いオペレーショ

ン）、銀行に国債などを売ることでお金の供給量を減らしたり（売りオペレーション）することでマネーサプライ（世の中に出回っているお金のこと＝通貨供給量）を調節して、日本の景気を操作しようとすること。

②ゼロ金利政策と量的緩和

公開市場操作よりさらに積極的にお金を供給した政策「ゼロ金利政策」、「量的緩和」というものがある。この二つの政策により日本の景気を回復し経済を活性化させようと考えた。

・ゼロ金利政策とは
日銀が金融機関に限りなくゼロに近い金利で（公定歩合を限りなくゼロに引き下げて）お金を大量に供給する（買いオペレーションする）ことによって短期金融市場の金利がゼロになるようにすること。これにより民間企業が資金を借りやすくし、経済の活性化を狙うことが目的。

・量的緩和とは
日銀が金融機関にいくらのお金を供給するかを決めて、その資金量になるまで買いオペレーションをすること。金利がゼロになっても目標額になるまでお金を供給し続ける。

※短期金融市場（コール市場）とは、銀行（日銀も含む）や、生命保険会社などの金融機関の間で一年未満のお金の貸し借りをする市場のことを指す。貸し借りをするということは、そこで金利が発生する。

③公定歩合

日銀が都銀や地銀にお金を貸し出すときの金利のことを公定歩合という。公定歩合と銀行の金利は連動していて、それによって景気を操作していた。

しかし、銀行の金利が自由化し、銀行は日銀からお金を借りず、普段のやりくりは、短期金融市場において金融機関同士で貸し借りを行うようになったため、公定歩合の意味をなさなくなった。

そこで、短期金融市場における金利の上限という意味を持たせ、短期金融市場における金利の変動を抑える役割を果たしている。

(3) 銀行との取引

1 振込・預金などの銀行取引は、銀行側の経営手続にどう反映されているのか

銀行に振込みをするとき、銀行のATMに預金を預けるときなど、銀行の手続を利用する際、最終的にどのような決算をするのか考えたことがあるだろうか。

各民間金融機関は、日銀に当座預金を持っていて、そこにお金の一部を預金している。他行への振込みがあった場合、銀行間同士のお札の移動はなく、この日銀当座預金を通じての預金の振替にて決算している。

このようなコンピューター上の打点やり取りのみに、我々は高い手数料を支払っているのだ。こんな馬鹿げた話はない。データ間移動のどこに、どれだけ原価がかかるのか、という話である。

2 銀行（取引銀行）に対して強くなれ

銀行も、Business である。お金を貸す以外にも、保険、証券、債券の販売、定期預金など、いろいろなセールスをしてくる。金は原則、借りたものが弱い。こちらが弱みと感じ

ることを逆手に取り、銀行の言いなりになりやすい。よく注意して交渉する必要がある。

3　銀行の信用とは？

①毎月末の現預金残高をチェックしている

②毎月の入金と支払いが、決められた日にきちんとなされているかをチェックしている

③顧客の質（社名）をチェックしている

④月間の資金の量をチェックしている

取引を始めてからは、経営者の顔色と態度を実によくみている（疲れていないか、資金繰りに奔走していないか、事務員達に異変がないか）。

しょっちゅう銀行窓口へ行っていれば、相手も人間だから、気安さが出てきて、いろいろと相談にのってくれるようになる。定期的に会って、信用を創ることが大切である。

融資には、はっきりした理由が第一である。担保、保証人がなくともいろいろな制度資金を教えてくれる。

銀行も商売だから、銀行が儲かることをしてあげれば、相手も喜ぶ。銀行をしょっちゅう利用してあげることを通じ、「儲けさせているという実績」と「信頼関係」を築くのも経営者の仕事である。

なお、取引銀行の変更は極力避けるべし。あちこち取引銀行を変更すべきではない。最初にどの銀行と付き合っておくのが自分のため（事業のため）かをよく検討し、その銀行と長く付き合うと決めることは、経営において非常に重要なことの一つである（他の銀行と付き合い始めると信用が一度リセットされてしまうためである）。

その意味からも、普段、新聞・ニュースで、相手銀行の方針や将来を読んで、相手が喜びそうなことを常日頃からしてあげることが必要なのだ。

4 積 金

銀行は金を集め、人に貸して利ざやで儲ける。従って預金残高が極めて重要である。だから、積金や預金がほしい。しかし、会社は目的を持った預金（定期・普通）をすることが大切である。特に信用金庫は、借入したら必ず「両建て（一部）」の定期積金を要求してくる（融資の際の信用をあげる、情報が欲しい、等）。

目的があって定期積金をすることは良いことである。しかし目的がないのに定期積金はする必要がない。

意図がないのに「積み金をしてくれ」と、セールスがあまりにもしつこいなら「金融庁、関東財務局に言う（訴える）ぞ」と脅すと、彼らは違反行為であるからやめる。

積金するなら、六カ月毎の社員賞与、または社員旅行の積み立てなど、きちんと目的を持ったやり方をすべし。

預金して、その預金を担保に金を借りるほど馬鹿なことはない。利ざやと金利だけ銀行に儲けさせるだけである。積金のために毎月の資金繰りが苦しくなり、銀行から借入を繰り返し、しまいには銀行の思うつぼとなる。これは最悪に馬鹿な行為なので、絶対に避けること。

5　支払い、海外送金

支払いのためには、相手の銀行に振込みをする。振り込み日（支払日）を「何日締めの何日払い」にするのか（いわゆる支払いサイト）を、きちんと会社で決めておく。

基本的には顧客からの入金が先（短いサイト：三〇日後現金払いなど）で、支払いはできるだけ長いに越したことはない（支払いには月末締めの翌々一〇日：締め後四〇日現金支払い）。

銀行のスコアリング（与信チェック）においては、「いつも決められた日に支払っているかどうか」が最大のポイント。

きちんとした会社として評価されるためにも、支払いサイトを会社に有利な条件で設定しておき、厳格な運用で同じ日に銀行の入出金があるよう手配すること。

・海外の送金手数料値下げ要求

（毎月のように）いつも海外に送金するなら、銀行（為替係）と交渉し手数料（四、〇〇〇円ほど）を下げてもらうことができる（→三、〇〇〇円）。リフティングチャージ（入金時にとられる）も交渉すること。

たとえば、四億などの送金になると、一％のリフティングチャージでも、四〇〇万円という大金が銀行の儲けとなる。

例えば三菱東京ＵＦＪなど1/20、〇・〇五％であり、四億なら二〇万円となる。

6 入　金

相手先（客）の請求締日と支払日を必ず聞かなければならない。できるだけ短いサイトになるように努力して交渉する。

※手形での支払いは、手形の支払期限（サイト）をよく確かめて取引しなければ、不渡りを食らって

しまうこともある。入金がいつも決まって、きちんと銀行口座に毎月入金されていれば、銀行は相応の評価をしてくれる。資金繰りに困ったときでも、相手先への売上表（請求書）を持って説明すれば短期借入※が可能となる。

※客からの入金日まで、短期のお金を融資（貸して）もらうこと

7 当　座

会社の信用が高まるにつれ、当座を開く（当座預金の口座を持ち、小切手や手形振出ができる）ことができるようになる。当座を持つと、小切手帳や手形帳をもらえる。これに金額を記入して相手に渡せば、現金と同じような意味を持つ。

普通預金から当座預金へ資金を移動しておくか、客の入金先を当座預金に変更しておけば、いつでも小切手が切れることになる。当座貸し越し契約（担保がいる）をしてあれば、金が不足しても契約金の限度まで一時的に金が使える。

8 小切手の基礎知識

1. 小切手

小切手は、当座預金に金がある（または、普通預金からいつでも金を回せる）ときに切

る（支払いを小切手でする）。使うと便利で、現金を持ち歩かなくても小切手に記入すればすむ。小切手、横判と、銀行印があれば、小切手を振り出すことができる。

※小切手の記入上の注意点。金額は、チェックライターを使用する（ないときは手書きで）。手書きのときは、必ず漢数字で書く。追加記入や間違いを防ぐためである。右上（肩のところ）には、算用数字で書く。

特に「二」は記入に注意すること。百参拾弐萬と記入すると、百の前に参などと追加され、とんでもない金を払わされる可能性がある。正しくは、壱百とするべし。

不正をなくすため、チェックライターを使うか、金〜也と明確に記載し、防ぐことをお勧めする。

2. 受取小切手

客からもらった小切手は、その客の取引銀行へ持っていけば、その場で現金にしてくれる。遠方の客の場合は、自分の取引銀行支店で、「取立て」にまわす。（取り立てて、自分の口座に入金してもらう）　現金化に二〜三日かかる。

通帳に小切手取立てで入金されたように記入されるが、その日付がくるまでは、銀行から引き出しできないようになっている。裏面の中央に、自分の会社の横判だけ押して、自分の銀行窓口に通帳と一緒に持っていけばよい（実印や銀行取引印は押さなくてもよい）。

3. 支払小切手の注意
小切手を振り出す際、支払小切手の裏に自社の横判と銀行印を押してくれと頼む支払い先がある。自分の小切手の裏に横判と銀行印を押すと、支払先の取引銀行に持ち込まれ、その場で当座から金が引き出される。

当座に金がないときは不渡りになる可能性があるので注意。仲の良い銀行なら電話で連絡をしてくれるが、金を持っていかないとアウトになってしまう。

4. 先日付け小切手
顧客から、先の日付を書く小切手を渡される場合がある。その日に銀行へ回してくれる(それまで当座に金がない)のか確かめること。小切手は手形と違い、日付に関係無しに、当座に回れるものである。

9 手形の基礎知識

当座預金の開設をすれば、小切手と同じように手形を振り出すこともできるようになる。

手形は、あまりなじみがなく難しいというイメージがあるかもしれないが、よく知識を持って活用すれば、大変便利なものである。

1. 受取手形……商売上、顧客が手形支払いのケースがありえる。取引の際、支払条件をしっかり聞いて取引しなければならない。「締め後、何日に約束支払手形にて支払う」と顧客に言われたら、その手形のサイト（支払期日というのが手形上に必ず記載されている）を聞かなければならない（先方の請求締日を確かめて、それ以前に請求書を送らなければいけない）。

支払日………手形を振り出す日
支払期日……当座預金から現金が落ちる日
例）九〇日のサイトなら
六月一〇日納品三〇〇万円
※六月三〇日先方の締日
※七月三一日先方の支払日（約束手形三〇〇万円）
支払期日一〇月三一日

例）六〇日のサイトなら　（支払期日九月三〇日）
例）一二〇日のサイトなら（支払期日一一月三〇日）
例）一八〇日のサイトなら（支払期日翌年一月三一日）
※商売上、支払期日が長いサイトの場合、通常の販売金額では販売しないこと。高い金額にするべし。

2. 手形の取り立て

受取手形を現金化したいときは、銀行に取り立てに出せば、その支払期日に不渡りにならない限り、三～四日で自分の銀行口座に金額が入金される（実際には後日、銀行に取り立て手数料を取られる）。

手形は、手形交換所にて取引されており、そこで先方の当座に資金が不足して、決済できないと、「不渡り手形」としてフセン（付箋）付きで自分の銀行へ戻ってくる。

3. 裏書について

受取手形は、裏書して（手形の裏面に自分の横判と銀行印を押して）、次の支払相手

（自分が仕入れた支払先）に回して現金支払いと代えることができる（不足分は現金とか小切手で金額を調整して支払うことができる）。

回した手形の表書人が不渡りにしたときは、基本的に回した順番に支払い義務が発生するが、不渡り手形（現物）を持っている人が、裏書人の誰からでも請求することができる。

4. 割引について

割引とは、支払期目前に手形を担保にして金を借りることである。もちろん金利は払わないといけない。振出人の信用がない場合は、自分の会社の保証で割り引きしてもらう。
※振出人（表書人）が信用のある会社（たとえば、上場会社や地域で有名な会社）なら、銀行は喜んで割引してくれる。
※割引の金利は、取引銀行と交渉できる。言うなりに支払う必要はない。

5. 支払手形

自社が銀行から手形帳をもらえるようになったら（支払手形で支払う必要性を言って、銀行がOKしなければだめだが）、支払手形で支払いをすることもできる。サイトは六〇〜九〇日が一般的。そうすることで、通常、翌月末（三〇日）支払う必要のある現金が浮き、九〇日～一二〇日現金が手元に残ることになる。

ただし、相手も手形取引を希望する場合、受取手形が多くなって、そのサイトに合わせることも必要になる。

※手形は、大きな取引の場合、現金がなくとも信用できる。

（注意）……支払期日に自分の当座に現金を必ず用意しないと、不渡りを出すことになり、半年間に二度繰り返せば銀行取引停止処分（倒産）ということになってしまう。

一度出しても六カ月間に二度目がなければ、一応の信用回復となる。


（参考）……どうしても資金が用意できないときは、奥の手を使う。手形渡しの相手（まわしていない場合）に事前にお願いをして、ジャンプ（手形を改めて切りなおし、差し替え）してもらう。最悪、手形交換所に回ってしまっているときは（二～三日前に交換所に回る）、組み戻し依頼を相手にお願いする。午後四時までにこれができれば不渡りは免れる。

6. 融通手形

これはやらないほうがよい。

（参考までに）A社とB社とで手形を融通し合うこと。これで、簡単に資金がお互いに作れることになる。しかし、安易に考えていると、相手が不渡りを出して自分があわてることになり、共倒れの危険がある。

(4) 銀行の歴史と現状

1 バブル崩壊後の金融機関（不良債権と貸し渋り）

バブルが崩壊して三〇年近く経ち、アベノミクスのおかげで表面的に株価は上がっているが、本質的には、日本の経済は良くならない。これは銀行の不良債権処理の遅れと貸し渋りによる日本国内のお金まわりが悪いことが大きな要因である。

しかし、銀行自身も体力が大きく落ちていることも事実。そこで政府は、なんと公的資金（税金）七〇兆円を注入するという形で銀行の株式を購入した。それにより銀行はなんとか持ちこたえたのである。

我々の税金が銀行に注がれているのが現実である。そのひずみが、間違いなく、これからやってくるだろう。

2 金融ビッグバン

金融ビッグバンは、バブル崩壊後の日本経済を再生させようと行った、大規模な金融制度の改革である。さらに日本の金融市場をニューヨーク、ロンドンと並ぶ国際市場として地位を向上させるという目的もあった。金融の規制緩和、または撤廃させることにより銀行の合理化を進めた。

その結果、日本の金融機関は、生き残りをかけた再編成に乗り出し、大手銀行は三大グループに集約された。銀行の統合により、今後多くの銀行員がリストラされることとなるだろう。

そして、三菱東京ＵＦＪや三井住友銀行のように外資系の資本が注入された銀行が多く存在する。

合理性を重視する外資系は、リストラにはまったく手加減しない。銀行に残れるのは本当に優秀な人材だけとなる。

一九九七年の金融ビッグバンにより、コンビニで現金の引き出しができるようになったり、インターネットバンキングの普及、デビットカードの誕生や、クレジットカードの普及、ＦＸ、ブロックチェーン、仮想通貨の普及といった、良い影響も見られる。

しかし、銀行へ公的資金を投入する原因となった、バブル時代の不良債権処理は進んでおらず、根本的な問題の解決には、いまだ何一つなっていない。

(5) 借入（間接金融）

「銀行と上手に付き合う」というのは「借入金が上手に借りられる」という意味を持つ。事業をやっていくには、借入金がつきものである。世の中にはいろいろな融資がある。無理せず、低金利で、条件の良いものを利用するのも経営者の仕事である。

融資には様々のものがあるので、会社を設立するなら、事前に調べておくこと。

①生活金融公庫（国）……地域に必ずある。いろいろな融資制度がある。

②県庁の商工労働部……県がらみの良い融資制度がある。

③市の商工課……市の融資制度

④商工会議所……マル経融資

⑤銀行

A　短期貸付……一年未満の短い期間の資金を借りる。

・全額を期日に支払い（返済）する方法
・手形貸し付け（銀行の手形を借主の担保として借りる。テガシ〈手貸し〉という）。

B　長期貸付……一年以上の長期間、毎月少しずつ返済していく方法
・「均等支払い」元金と金利を合わせて一定の金を毎月支払う方法
・「変動利率」という方式なら、国の金利が変動するたび少しずつ返済金が上下する。
※ここでも経済（または為替）を見通せば有利となる。

⑥保証協会つきとは

各都道府県に「信用保証協会（国）」という組織がある。この組織は、保証人や担保がない人に国が変わって保証することを目的としている。

銀行は、本人が金を返済できない時は、保証協会が代位弁済をしてくれるので、リスクがなく、喜んで貸してくれる。

保証協会の窓口で事業の説明と資金の使途をよく説明できる資料を持って、無担保・無保証人の枠内で貸してもらえる（保証してもらえる）と、銀行は黙って喜んで貸してくれ

る。借入金は、国・政府がらみなので保証協会付きの融資実績があれば二度目からはスムーズになり、信用がつく。

※会社をやるには、こういった融資が受けられるようにならなければ一人前とは言えない。こういった資金（特に政府系）を借りるには、きちんとした事業計画書などの書類が書ける力が必要だ。（書類を書くのが面倒だからと言っていては、借りられない）また、人の力を借りず自分で交渉することによって交渉力という力が付くのである。

銀行や市・県の担当者ときちんとした説明と説得力のある話し方ができれば Business における営業力も増す。書類を書くのが苦手だと、安易に借りられるクレジット系や市中銀行（筋の悪い町の金融屋）から借りるようになり、深みにはまる。

金利の高い金を借りても儲かる商売はないと心得よ。

(6) 間接金融から直接金融へ（経営者の資金調達方法）

事業に必要な資金額、株式シェアなどを十分に考慮したうえで、直接金融・間接金融を上手に組み合わせて活用することが、経営者としての重要な業務の一つである。

今まで日本では、資金調達と言えば、金融機関から融資を受けるということが一般的であった。なぜなら世の経営者は金融の知識を学ぶ機会がなかったため、銀行融資以外の資金調達方法を知らなかった（知っていてもできなかった）。

融資を受けるということは、それに対して利息を払わなければならず、また担保も必要である。この利息に苦しむ中小企業も少なくなく、倒産した場合には担保である家・財産をすべてとられ、ホームレスや自殺というケースにまで陥る経営者もいる。

そのような背景の中、最近は株式や社債を発行して資金調達をするという企業も少しずつ増えてきている。投資家の立場としても、将来有望な企業に株式や社債として投資する考えも増えてきている。

しかし、現状として、日本はまだまだ「世界の金融界」から遅れをとっている。経営者は、この資金調達方法について、創業時も、会社の危機的状況においても、さらには会社を大きくする時も、常に考えて動かなければいけない。最近では、クラウドファンディング、ＩＣＯなど、最新の資金調達手法も生まれつつある。

※社債とは会社が発行する債券のことである。社債にも利息が発生するが、社債は銀行からの融資の利息よりも低く抑えることができる。また、投資家の立場からしても、銀行に預けたときよりも高い利息をもらうことができる。

4

全身に血液を送る企業の心臓
セールス・マーケティングを極めよ

会社で最も大切な資産は、「営業力」である。営業力が弱い会社は成長しないし、継続もできない。本項目では、セールス、マーケティングについて重要な事項を説明する。

◆セールスとは何か

そもそもセールス・営業とは何かというと、**「相手の求めているものを察知し、相手が求めているものを自分が提供することによって、自分が相手に望む行為を実現させる一連の行為」**である。

プロのセールスとは相手の存在からスタートする。自分の存在ありきでスタートするセールスはすべてフェイクである。そんなものは単なる押し売りでしかないし、二一世紀の時代、何の役にも立たない。

「ものを売ること＝営業」では決してない。これを絶対に間違ってはいけないのだ。

たとえば、ある二組の親子がおもちゃ屋さんにいたとする。

一組の親子は、子供が泣き叫びながらおもちゃを買って、とわがままを言っている。それに対し、親は子供に絶対おもちゃは買わないと、全面的に子供の意志を否定している。それでも子供はエゴを通し、「自分がおもちゃをほしいがために」泣き叫び続け、店員、周囲の人間に大変な迷惑をかけている。駄目なセールスとは、このようなものである。

それとは対照的に、もう一組の親子は、子供が一度おもちゃを欲しいと希望を伝えた際、親に否定をされていた様子だったので、子供は親が今困っていることはないかと聞いていた。親は肩がとても凝っていると答えたので、子供は親の肩をマッサージし、親の困っていることを解決した。

すると親はその子供に対し、「おかげですっきりしたから、お礼に何か買ってあげるわ」と、おもちゃを子供に買い与えた。子供は、最初に欲しかったおもちゃを無事手に入れることができた。本来あるべきセールスとはこのようなものである。

実際、後者の親子間では、何の商品も売買されていない（しいていうなら、肩をたたくという行為を提供したくらいだ）。しかし、セールスのあるべき姿とはこのようなものなのだ。ものを売るからセールスが成功したわけではない。ものを買ってくれたからセールスが良かったということではない。**「相手が望むものを提供することで、相手の行動が変革した」**から、セールスが成功したと言えるのだ。

◆顧客獲得単価（CPA）

セールス・マーケティングに携わるものとして、「顧客獲得単価」という概念を必ず知っておかねばならない。

マーケティングを行ううえで、**かけてもいい最大集客コストはいくらなのかという**、案件ごとの予算制約をしっかりと把握しなければ最適な施策は実行できない。

顧客を一社獲得するに当たり、かけてもいい集客コストをCPAという。

CPAとは、Cost per acquisition の略字である。このCPAという概念は非常に重要である。

費用対効果を測定する基準が出なければ、そもそも、セールス・マーケティングの成功有無が判定できない。営業・マーケティング戦略で第一に重要となるのが、ＣＰＡの把握だと強く認識しよう。

さて、ＣＰＡは当然、各企業の業種業態・ステージに合わせて厳密な値が変わる。ただし、あくまでも平均値ではあるが、ある程度は、どの業界にも適用可能なＣＰＡ基準値は計算できる。

結論から言うと、企業がサービスを提供した際の、**「年間の利益の合計金額」**をＣＰＡ基準値とするケースが非常に多い。

例えば利益率四〇％弱のビジネス、美容院やマッサージ店であれば、

• 五、〇〇〇円／件の顧客単価×利用頻度（年六回）×四〇％

とすると、一人のお客様を獲得するのにかけてよいコストは一二、〇〇〇円ということになる。

飲食店だと、平均利益率が二〇%くらいだろうから、
・顧客単価四、〇〇〇円×利益率（二〇%）×利用頻度（年一二回）
とすると、九、六〇〇円となる。

基本的に一人のお客様は一回で消費を終えるということはないと考えられている。お客様は一生涯に渡り、例えば食べ物、不動産、パソコンなど様々な商品を買っていく。マーケティングの用語ではこれを、「ＬＴＶ（Life Time Value、顧客生涯価値）」という難しい言葉で説明している。

要するに、お客様がその商品を買ってくださることで、一生涯に渡り供給してくださる利益の総額がＬＴＶだということだ。そしてお客様が一年間にわたり、そのサービスに消費するすべての金額を合算したものを、年間ＬＴＶと呼ぶ。

マーケティングの実務では、顧客の一生涯にわたるＬＴＶよりは、どちらかというと年

間ＬＴＶの方がよく使われる印象がある。そしてこの年間ＬＴＶこそが、自社が新規顧客を獲得するまでにかけてもいい最大コストなのだ。

〈重要公式〉

・ＣＰＡ ＝ 年間ＬＴＶ

既存顧客からの掘り起こしに比べ、**新規顧客の獲得には、集客コストが五倍（場合によっては最大一二倍）**かかるといわれている。

そのくらい、全く自社のことを知らないお客様に自社の商品を買っていただくというのは難しいということなのである。

つまり、新規顧客獲得費用は「必要投資」である。

こういった考えをしっかり浸透させなければ、効率の悪い集客に無駄な出費をしてしまいかねない。

また、どの業態でも、

・顧客数 × 顧客単価 × 購買頻度 ＝ 売上

という公式により、なりたっている。ＬＴＶの考え方がマーケティングの世界でよく使われるのも、単純に顧客数だけ増やすのではなく、年間ＬＴＶベースで評価して、顧客単価、購買頻度をしっかりと向上させていかなければならない、という示唆があるのだろう。がむしゃらに数だけ集めてもだめ、ということである。

そして、きちんとお客様から二年目以降も使っていただける、そういった利益構造になっているのか？　単価は適しているか？　利用頻度は引き上げられないのか？　こういったビジネスモデルの部分を精査するためにも、（年間）ＬＴＶという指標はとても便利である。

儲けは「二年目」から生み出すのが鉄則である。

練習問題

●利益率二〇%、顧客単価一〇、〇〇〇円、利用頻度年六回の高級飲食店のCPAを算出せよ

●利益率六〇%、顧客単価一八〇、〇〇〇円、利用頻度年四回のASPサービスのCPAを算出せよ

●利益率二五%、顧客単価三、五〇〇、〇〇〇円、利用頻度年五回のシステム開発のCPAを算出せよ

●利益率二〇%、顧客単価二三〇、〇〇〇円、利用頻度年三回を想定した営業代行サービスを立ち上げたところ、実際の数値が、利益率一〇%、顧客単価一五〇、〇〇〇円、利用頻度年一〇回であった。それぞれのCPAを算出せよ

●利益率一五%、顧客単価五〇〇、〇〇〇円、利用頻度年二回を想定したウェブサ

イト製作会社を立ち上げ、新規顧客を獲得するために二、〇〇〇、〇〇〇円の広告費を投下した。最低何名の新規顧客を獲得しなければならないか回答せよ

◆七人のお客様

お客様の種類を分ける、というと、多くの人が、①見込み顧客②既存顧客、以上二種類のみと思われるケースが多いが大きな間違いである。

実はお客様とは、大きく七種類まで分けることができる。

結論から言うと、七種類のお客様とは以下の通りである。

①ファン顧客
②お得意様顧客
③浮遊顧客
④試用顧客
⑤過去顧客
⑥既知見込み顧客
⑦未知見込み顧客

七種類のお客様をカテゴリーでくくると、⑴既存顧客（①ファン顧客〜④試用顧客まで）、⑵過去顧客（⑤過去顧客）、⑶見込み顧客（⑥既知見込み顧客、⑦未知見込み顧客）、以上三カテゴリーでまとめられる。

順番に説明していこう。

①ファン顧客

これはとてもわかりやすい。自社の経営理念、事業理念、バリューまでしっかりと理解していただいており、かつサービスの品質まですべてがファンだというお客様のことである。企業からすれば何があっても大切にしなければならないお客様層である。

実はこのファン顧客、自社の売上をなんと**「四五％」**も支えていると一般に言われている。しかし、ファン顧客は全体の既存顧客のうち、たった**「一〇％」**しかいないともいわれている。

②お得意様顧客

イメージとしては、ファンまではいかないけれども、サービスの内容・品質しっかり理解したうえで満足をしていただいているお客様である。もちろんこちらのお客様もとっても大切だ。

ファン顧客との違いは、**経営理念や事業理念、バリューの浸透まではいっていないという点**。逆に言えば、お得意様顧客に自社の理念浸透を行えば、ファン顧客に引き上げることが可能ということだ。

こちらのお得意様顧客は、一般に自社の売上の「三〇%」を支えて下さるといわれている。また、全体の既存顧客のうち、「二〇%」ほどいるといわれている。

③浮遊顧客

サービス提供会社からするともっとも厄介なお客様である。浮遊顧客とは、他のサービスも使うし、たまに自社のサービスを使ってくださりもする。

何が大変かというと、他社のサービスも使っておられるので、自社のサービスに結構物申されるケースが多い。「あちらは安いがこちらは高い」とか。「あちらはここまでしてくれるのにこちらは何でしてくれないのだ」とか。ご要望が多数上がってくることがとても多い。

最も、顧客フォローにコストがかかる顧客層である。

浮遊顧客をお得意様顧客に引き上げられるかどうか、これがマーケティングステップ上の重要な鍵になる。ただ、浮遊顧客は唯一競合他社の内部情報を教えてくださる顧客層でもある。上手くリレーションシップを取れば競合企業を大きく引き離すことが可能になる。

こちらの浮遊顧客は、自社の売上の「一七%」を支えてくださるといわれている。既存顧客に占める割合は全体の「**三〇%**」といわれている。

④試用顧客

試しにこの会社のサービス使ってみるか、といった、初めてのお客様が試用顧客にあたる。試用顧客は、使ってみてよかったらいきなりファン顧客、お得意様顧客になる可能性もあるとても大切なお客様層である。

はじめの印象がとても大切。試用顧客は、自社の売上の「**八%**」を占めており、既存顧客に占める割合は全体の「**四〇%**」といわれている。

⑤過去顧客

過去顧客にはいろいろな定義があるが、一般的に、「**過去一年以上前に取引があって、現在はサービスを利用されていないお客様**」のことを指す。

新規顧客開拓を目的とするマーケティングでは、なぜかあまりフォーカスされないのだが、過去顧客は顧客開拓にあたり大変重要なお客様だ。

一般に、新規顧客の開拓コストと過去顧客からの掘り起こしコストを比較した場合、**過**

去顧客からの掘り起こしコストは新規顧客の開拓コストのたった1/5〜1/12といわれている。

さらに過去顧客にしっかりとフォローして、お客様を大切にしているという姿勢も伝わるのでいいこと尽くめである。

過去顧客から定期的に掘り起こしをする社内ルールがあるか、ルールを敷くだけでなく実際に掘り起しができているかがとても大切だ。

⑥既知見込み顧客

こちらは何かというと、**「既に自社のことを知ってくださっているのに一度のお取引もない見込み顧客」**のことを指す。

見込み顧客とひとくくりにしても、既に自社のことを知ってくださっているお客様と、知らないお客様では攻め方が全然違う。当然顧客化にかかるコストも違う（ネガティブに知っているのでなければ、既知見込み顧客の顧客化コストの方が当然安い）。

⑦未知見込み顧客

ひとつ前の既知見込み顧客とセットで覚えてほしい。**「自社のことを一切知らなくて、**

かつ一度のお取引もない見込み顧客」のことを指す。未知見込み顧客を顧客化するためには、①「知らない」から「知っている」へ（注意）、②「知っている」から「興味を持つ」へ（興味喚起）、③「興味を持つ」から「欲しい」へ（欲求喚起）、④「欲しい」から「買う！」へ（購買誘致）、と、四つのステップを経なければならず、当然最も顧客化するコストがかかるお客様である。

◆マーケティングコストの算出

無駄なセリングを不要にしなければいけないマーケティングにおいて、コスト管理をしながら、いかにして効率的に「試用顧客」を獲得していくかが大切である（すべてのお客様は必ずはじめに試用顧客となるため）。

そのためにはまず、マーケティングコストをいくらまでかけたらよいのかを正確に把握する必要がある。自分が使ってよい実弾数がわからないと、効率的な営業開拓は絶対にできない。

そこでマーケティングコストを算出するに当たる、重要な公式を説明する。

〈重要公式〉

・新規顧客獲得コスト（CPA、Cost per action）とは、

1. 未知見込み顧客を既知見込み顧客に変えるコスト
（知らないを知るに変えるコスト）

＋

2. 既知見込み顧客を試用顧客に変えるコスト
（知っているを、興味がある、欲しい、買う！　に変えるコスト）

上記二つのコストの総額である

前回の記事で、一社獲得あたりかけてもいい新規顧客獲得コストは、その企業がサービスを提供した際の、「年間の利益の合計金額」である、と書いた（これを年間LTVと言う）。

つまり、

・CPA（新規顧客獲得コスト）＝年間LTV（利益の合計金額）

・年間LTV

1. 未知見込み顧客を既知見込み顧客に変えるコスト
（知らないを知るに変えるコスト）

＋

2. 既知見込み顧客を試用顧客に変えるコスト
（知っているを、興味がある、欲しい、買う！　に変えるコスト）

という式が成り立つ。

わかりやすい例を用いて理解するため、年間ＬＴＶが一〇〇万円のシステム会社が、テレマーケティングの導入を検討していたと仮定しよう。

＝

このシステム会社は、新規顧客（試用顧客）を獲得するまでに、一〇〇万円が使える（ＣＰＡ＝年間ＬＴＶのため）。そしてその一〇〇万円には、⑴未知見込み顧客→既知見込み顧客のコストと、⑵既知見込み顧客→試用顧客のコストが含まれている。

仮に、このシステム会社がテレマーケティングを導入した時に、

- キーマン名把握＆資料希望企業開拓率……二〇％
- 資料送付先からのアポイントメント取得率……二五％
- アポイントからの有効商談発生率……一〇％

・有効商談からの受注率……五〇％

上記の数値が算出されたとすると、一社受注するためには、『四〇〇社のリスト』が必要になる計算になる。※

※一÷〇・五（受注率）÷〇・一（有効商談発生率）÷〇・二五（アポイントメント取得率）÷〇・二（資料開拓率）

さて、ここからが大事だ。先ほどの、

・キーマン名把握＆資料希望企業開拓率……二〇％
・資料送付先からのアポイントメント取得率……二五％
・アポイントからの有効商談発生率……一〇％
・有効商談からの受注率……五〇％

こちらの数値はそれぞれ、以下を意味する。

・キーマン名把握&資料希望企業開拓率……二〇%
↓**「知らない」を「知る」に変えるためのコスト**
・資料送付先からのアポイントメント取得率……二五%
↓**「知る」から「興味がある」に変えるコスト**
・アポイントからの有効商談率……一〇%
↓**「興味がある」から「欲しい」に変えるコスト**
・有効商談からの受注率……五〇%
↓**「欲しい」から「買う!」に変えるコスト**

このシステム会社さんは、新規顧客開拓に一〇〇万円まで使ってよいビジネスモデルで

あった（＝年間ＬＴＶ）。そこから計算すると、**有効商談からの受注率を五〇％**とした場合、

・有効商談獲得単価上限金額……五〇〇、〇〇〇円／件

という計算が成り立つ。二件に一件受注が取れるなら、有効商談獲得までに五〇〇、〇〇〇円使っていいということである。

さらに深く計算をしていくと、**アポイントからの有効商談率を一〇％**として、一件の有効商談を獲得するために一〇件のアポが、一件の受注を獲得するために二〇件のアポが必要とすると、

・アポイントメント獲得上限単価……五〇、〇〇〇円／件

となり、**資料送付先開拓率を二〇％**、一件のアポイントメントを獲得するために四件の資料送付が必要であるとした場合、

・資料送付先獲得上限単価……一二、五〇〇円／件

となる。

まとめると、上記のセールスステップごとの確率変数（アポ率や資料送付開拓率など）が大きく変わらない限り、

・知らないから知るまでのコスト上限……一二、五〇〇円／件
・知るから興味があるまでのコスト上限……五〇、〇〇〇円／件
・興味があるから欲しいまでのコスト上限……五〇〇、〇〇〇円／件
・欲しいから買う！　までのコスト上限……一、〇〇〇、〇〇〇円／件

となる。これが「**マーケティングコスト**」である。

年間ＬＴＶから逆算していくと、未知見込み顧客、既知見込み顧客を試用顧客に引き上げるまでに、「いくらまで使っていいものなのか」が計算できる。仮にこのシステム会社さんの年間ＬＴＶが五〇〇、〇〇〇円だとしたら、他の確率変数が同じだとすると、

- 知らないから知るまでのコスト上限……六、二五〇円／件
- 知るから興味があるまでのコスト上限……二五、〇〇〇円／件
- 興味があるから欲しいまでのコスト上限……二五〇、〇〇〇円／件
- 欲しいから買う！　までのコスト上限……五〇〇、〇〇〇円

という計算になるわけだ。

この、「自社の新規顧客を獲得するために、各ステップでいくらまで使ったらよいかを正確に把握しているかどうか」がマーケティング成功の明暗を分ける。

自分がいくら実弾を使えて、その実弾の残数にあわせてお客様へのアプローチをいかに変えていくかを考えなければ、適切なセールスはできない。

法人の新規開拓に成功するためには、セールスステップごとに、「いくらまで実弾を使ったらよいか」を正確に把握する必要があるのだ。

今回の例では、システム会社の営業手法はテレマーケティングのみを使用する前提であったが、一般的には、ＳＥＯ、リスティング広告、媒体掲載、ＴＶＣＦから、ＦＡＸＤＭ、郵送ＤＭなど様々な手法を駆使して営業活動、マーケティング活動を展開していく。ただ、別の手法であったとしても、考え方は上記と全く同じだ。

自社の年間ＬＴＶ（＝ＣＰＡ）はいくらか、そこから逆算して、各セールスステップでいくらまで実弾を使ってよいのか、ここを正確に計算した上で、最も費用対効果の高いプロモーション施策を行っていく必要がある。

練習問題

(1) あるシステム会社の年間LTVが二五〇万円であったとする。当該企業のKPIは、以下の通りであった。

- キーマン名把握&資料希望企業開拓率……一〇%
- 資料送付先からのアポイントメント取得率……一二%
- アポイントからの有効商談発生率……一三%
- 有効商談からの受注率……四〇%

こちらの数値を受けて、下記マーケティングコストを算出せよ。

●知らないから知るまでのコスト上限
●知るから興味があるまでのコスト上限
●興味があるから欲しいまでのコスト上限
●欲しいから買う！　までのコスト上限

また、実際のマーケティング活動を行ったところ、欲しいから買う！　までのコストが一、二〇〇、〇〇〇円／件だった。なぜ分析と実際の数値が違ったのか。理由を一言で説明せよ。

また、実際のマーケティング活動上の、有効商談からの受注率を算出せよ。

(2)　あるウェブ製作会社の月間平均売上が四五〇万円、月間平均売上原価が一三〇万円であった。この会社がマーケティング活動を行う際に、想定していたＫＰＩは以下の通りであった。

●キーマン名把握&資料希望企業開拓率……二〇%
●資料送付先からのアポイントメント取得率……二五%
●アポイントからの有効商談発生率……三〇%
●有効商談からの受注率……一五%

この企業のCPAを算出せよ。また、以上の数値を受けて、次のマーケティングコストを算出せよ。

●知らないから知るまでのコスト上限
●知るから興味があるまでのコスト上限
●興味があるから欲しいまでのコスト上限
●欲しいから買う! までのコスト上限

また、実際のマーケティング活動を行ったところ、KPIは下記の通りであった。

●知らないから知るまでのコスト上限……一五、二〇〇円／件
●知るから興味があるまでのコスト上限……五二六、〇〇〇円／件
●興味があるから欲しいまでのコスト上限……三、九四八、〇〇〇円／件
●欲しいから買う！　までのコスト上限……一二、六四〇、〇〇〇円／件

このマーケティングチームの特徴を簡単に述べよ。

(3) あるコンサルティング会社の税引き後利益金額が七五〇万円、法人税率は一律四〇％、粗利に占める販管費率は五〇％、売上に占める平均売上原価率は五〇％であった。また、マーケティング戦略を打ち立てるに当たり、想定しているＫＰＩは下記であった。

●キーマン名把握＆資料希望企業開拓率……二〇％
●資料送付先からのアポイントメント取得率……二五％

●アポイントからの有効商談発生率……三〇％
●有効商談からの受注率……一五％

この企業の年間売上とＣＰＡを算出せよ。

年間売上：
ＣＰＡ：

また、以上の数値を受けて、次のマーケティングコストを算出せよ。

●知らないから知るまでのコスト上限
●知るから興味があるまでのコスト上限
●興味があるから欲しいまでのコスト上限
●欲しいから買う！　までのコスト上限

また、実際のマーケティング活動を行ったところ、KPI、実際経費は下記の通りであった。

●キーマン名把握&資料希望企業開拓率……二三%
●資料送付先からのアポイントメント取得率……四二%
●アポイントからの有効商談発生率……二四%
●有効商談からの受注率……一〇%

●知らないから知るまでのコスト上限……二九三、二七七円／件
●知るから興味があるまでのコスト上限……一、二七五、一二〇円／件
●興味があるから欲しいまでのコスト上限……三、〇三六、〇〇〇円／件
●欲しいから買う！　までのコスト上限……一二、六五〇、〇〇〇円件

このマーケティングチームの特徴を簡単に述べよ。また、最終的にこのマーケティングチームの成績は良かったか、悪かったか。実際CPAとあわせて回答せよ。

CPA：

◆優良顧客、ファン顧客の創り方

多くの企業にとって、どれだけ多くの優良顧客・ファン顧客を獲得できるかという点は至上命題である。そのため、確実に優良顧客・ファン顧客を獲得する施策を憶えておかなければならない。そこで重要な公式を説明する。

〈重要公式〉

・受注、納品してから二一日間以内に、受注したお客様に対して必ず三回以上のコンタクトを取る

一般に、飲食店や美容院など個人をビジネスの対象にするB to C市場では、一度来店されたお客様が三カ月以内に二回以上来店されると、三カ月以内に一度も来店されなかったお客様に比べ**リピート率（つまり優良顧客、ファン顧客になる確率）が七倍以上になる**と言われている。なお三カ月以内に一回でもご来店された場合は、三カ月以内に一度もご来店されなかった場合と比べ、**リピート率（つまり優良顧客、ファン顧客になる確率）が四倍以上になる**と言われている。

これは、**「受注～納品完了日」から九〇日間以内に再度アクションが発生しなければ、きわめて高い確率で「試用顧客が過去顧客（一年以上お取引のない既存顧客）」になる確**

率が高いということだ。これはなんとしても防がなければならない。

BtoBサービスでは購買して終わり、ということはなく、受注、納品、導入支援と、お客様とコンタクトをすることは多いと思うが、とはいえ、導入支援完了後から「九〇日間以上」放置してしまうと、きわめて高い確率でお客様はリピートしなくなってしまう。

※参考：ハードタッチコミュニケーション、ソフトタッチコミュニケーション

中には、一回納品を終えたらもうリピートはしないよ、というサービスを提供されている企業もいると主張するものもいるが、でもよく考えてみてほしい。

自社がリピートしなくとも、お客様がお客様をご紹介してくださることはよくあるはずだ。不動産投資物件やERP、ソフトウェアなど、一見売ったら終わりのように見えるBtoBサービスであっても、納品したお客様にはたくさんの知り合いの会社様がいらっしゃるはずだ。そういった知り合いの会社様にご紹介いただけるかどうかも、CPAを下げる上ではきわめて重要である。

また、別のソフトウェアや追加アプリがリリースされたときに、同じお客様にアップセ

ルをすることもあるだろう。そのためなんとしてでも、自社のリピート発注でもお客様のご紹介でも何でもよいので、**「九〇日以内に何らかのネクストアクションを誘致する」**ことが重要となるのだ。

受注・納品してから二一日以内に三回以上のコンタクトを取ること＝重要施策と憶えておこう。

〈重要公式〉

・三カ月以内になんらかのネクストアクションを引き起こすためにも、二一日以内に、受注したお客様に対して必ず三回以上のコンタクトを取る

さて、ところで、なぜ二一日間というルールが設定されているのだろうか。

マーケティングの強力な敵は、①**忘却曲線**　②**購買後悔**　③**風評リスク**の三つである。

これらの敵を倒すためには、必ず短期間に三回以上のコンタクトが必須になる。一つ一つ説明していこう。

①忘却曲線

これは心理学者エビングハウスが論じた理屈で、要するにこういうことだ。

- 二〇分後には、四二%を忘却し、五八%を覚えていた。
- 一時間後には、五六%を忘却し、四四%を覚えていた。
- 一日後には、七四%を忘却し、二六%を覚えていた。
- 一週間後には、七七%を忘却し、二三%を覚えていた。
- 一カ月後には、七九%を忘却し、二一%を覚えていた。

つまり人はすぐ忘れてしまうということだ。ウェブのデザインを納品した、サーバーの手続きをした、チラシを納品した、など、サービスオーナーからすれば素晴らしい仕事をした！　と自負したとしても、発注サイドとしては案外忘れてしまうものなのだ。

発注者には様々な業者から日々提案が送られてくる。オーソドックスな提案から斬新な提案まで。いろいろな提案を聞いていて、中にはいいなと思うものがあれば、**「以前発注した業者を思い出すことなく」**その発注に乗ってしまうこともある。
　この、**「思い出すことなく」**というのが大事だ。例えば最新のネット広告商品を提案されたときに、「広告手法ってそういえば前もＤＭを作ったなー」と思い出されない時点でアウトなのだ。

　リピート率を上げて、優良顧客、ファン顧客になっていただくために、他の業者から類似提案がきた時点で、「そういえば前に○○さんに依頼したな、念のため提案内容の合理性を聞いておこう」と思われることが極めて重要である。

　そのためにまず**受注した日から七日以内に、必ずお礼状をお送りする。**これは、手書きのお礼状で、ど派手なデザインのものがベストだ。
　できれば、カレンダーに手書きでお礼を書く、ポストイット一式に手書きのお礼を書くなど、お客様の手元に残るノベルティとお礼状をセットにするととてもよい。コストはかかるが、必ず回収できる。

「何かあった際に必ず思い出していただける会社」、そのポジションを取るだけで、単なる試用顧客から優良顧客にステージアップが可能となる。

印象に残るお礼状を活用し、忘却曲線という第一エネミーを退治しよう。

②購買後悔

これは何かというと、「このサービスを発注したけど、本当に成果が出たのか不安だな」、という心理状態を指す。

すべてのお客様は必ず、受注・納品を終えて、フォローを完了させた後でも、後悔をする。その後悔は、深いものになると、なんと一年後、二年後に、いきなりやってくる。

「あの時あんなサービス発注しなければ手元に一〇〇万円あったのに……」。

あるいは技術革新が進み、圧倒的に費用対効果の良い競合商品をライバルに開発された時なども、著しい購買後悔の念がやってくる。バナー広告とリスティング広告などが良い例だ。「なんだ全然リスティング広告の方がいいじゃん、あのときのあの業者、なんでバナー提案してきたんだよ……」といった具合だ。

購買後悔を放置しておくと、優良顧客・ファン顧客になるどころではなく、次の風評リスクも招く可能性もあるため、必ず事前につぶしておかなければならない。

この購買後悔を押えるのはとっても簡単だ。

「受注した日から一四日以内に、いかにお客様の意思決定が正しかったか」を徹底的に説明したフォローアプローチを行うだけ。

具体的には、**「お客様の声」**をお送りするのがベスト。このサービスを利用いただいたお客様は、ご利用後、このような形で業務効率が改善されたようですよ、お客様もこのような形で業務を進められるのはいかがでしょうか、などとオファーしたら購買後悔は必ず消える。

あるいは、何かのコンテストで入賞した、どこかの大手企業様にも導入いただいた、など、**「第三者機関を活用して権威づけ」**をすることも有効だ。

③風評リスク

これは言葉どおりだ。お客様が自社に対してあまり良い評価をお持ちでないと、お知り合いの会社様にあまり良い評判をいただけない。

手書きのお礼状を創り、購買後悔をしっかりとたたんでおいたとしても、お客様心理としては不思議なもので、「まあそこそこのサービスだったな」で終わってしまう。

できれば、「あそこ、本当にいいサービスを提供してくれたな、次も必ずお願いしよう」、だとか、知り合いの会社様に「いや本当にいいサービスだから使ってみてよ！」というところまで引き上げなければならない。優良顧客、ファン顧客まで引き上げ、リピート発注をいただいたり、たくさんのお客様をご紹介いただくことが大切だ。

そのために、**「受注した日から二一日以内に、お客様が必ず驚くサプライズギフトをご提供する」**、というのを試してみてほしい。ギフトといっても高価なものである必要はない。例えば、テレマーケティング会社の例でいえば、お客様の類似業種で、過去成功したセールスのシナリオを三〇ページくらいのパワーポイントでまとめて差し上げる、などでもとても喜ばれると思う。

あるいは、「テレマーケティングを利用いただいた後のおすすめのフォロー方法虎の巻」という冊子を創り、二一日後に手書きのコメントと合わせてプレゼントしたら相当喜ばれると思う。

　ウェブサイト製作会社ではどうか。

例えば一キーワードのＳＥＯを無料で施術しておいてあげるなど喜ばれるかもしれない。

もちろん原価がかかるが、リニューアルの際の再発注金額を考えたら微々たるものだ。

リスティング広告運用マニュアルなどもギフトとしては素晴らしく喜ばれると思う。

不動産仲介会社さんであれば文句なく移転祝いのお花（基本中の基本）、ビジネスフォン一式、消費財一式（トイレットペーパー、消臭剤など）を手書きのコメントとつけてお送りしたら相当喜ばれるだろう。あるいは、引越し先の周辺のランチおすすめ情報などをまとめるのはどうか。これだったらお金もかからない。

　大切なのは金銭的価値ではなく、**「お客様のことを本当に思い、喜ばれるものは何かを考え抜き、時間をかけてギフトを創るという心意気」**なのだ。少し考えれば無限にアイデアは出てくる。風評リスクという敵をやっつけ、お客様の評価を高く保っていただきながら、再発注やお客様ご紹介をいただけるような優良顧客、ファン顧客に囲まれたらとても幸せである。

〈重要公式〉

・マーケティングの強力な敵は、(1)忘却曲線、(2)購買後悔、(3)風評リスク、の三つである

1. 受注・納品日から七日以内に手書きのお礼状を送り、
2. 受注・納品日から一四日以内にお客様の意思決定の正しさを証明し、
3. 受注・納品日から二一日以内に考え抜いたサプライズギフトをご提供する

以上三つのアクションを行うことで、三カ月以内のネクストアクションを誘致することができ、試用顧客を優良顧客、ファン顧客に引き上げることが可能である。

◆過去顧客を試用顧客に引き戻す方法

過去顧客を掘り起こす仕組みができていれば、非常に有意義なマーケティング活動が実現する。何度も言うが、新規開拓コストと過去顧客の掘り起こしコストを比較すると、五〜一二倍近くの差があるのだ（当然後者の方が安い）。

過去顧客を試用顧客に引き上げるために、とても重要な作業がある。この作業をスキップしてしまうと、過去顧客を試用顧客に引き上げる難易度がぐんと上がる。必ずこの作業を押えておかなければだめだ。その鉄則の作業とはこちら。

【Tips 1】

・お客様とのお取引情報を、顧客カルテとして、すべてデータベース化しておく

営業とはつまるところ、お客様の承認欲求を満たす行為である。

「あなたのためにしか商売をしていませんよ」、**「あなたのことしか考えていませんよ」**、と、お客様ご自身にいかにして思われるかがすべてである（実際、そのくらいの気合でお客様に接しなければだめだ）。

「あなたのためにしか商売をしていませんよ」と思っていただくのであれば、当然お客様のことを**「誰よりも詳しく」**知っている必要がある。

そのお客様がなぜ自社に来てくださったのか、それは顧客からの紹介だったのか、お問い合わせだったのか、自社からの営業だったのか。そして、結果どんな買い物を、いつ、いくらくらいしてくださって、その買い物に最終的に満足したのか、されなかったのか。

こういった情報を細かく取っておかなければ、お客様ごとの、個別対応の営業、商談などできない。そこで、お客様関連の情報として、最低限押えておかなければならない項目というのが次のものだ。

【Ｔｉｐｓ　２】

・お客様情報として得ておく項目とは以下である。

1. どういうきっかけでお仕事のご縁をいただいたか
2. いつごろ、お仕事をご一緒させていただいたか
3. どのくらいの期間、お仕事をご一緒させていただいたか
4. おいくらくらい、トータルでご発注いただいたか
5. 過去顧客になったきっかけは何か

以上の、お客様の個別情報を押えたら、**「その個別情報を元に過去顧客に掘り起こしのご提案を実施」**していく。

掘り起こしの第一ステップとしては、まず、「どの順番で過去顧客にアプローチをする

か」を決める。これはとっても簡単で、この項目4の、トータルでご発注いただいている金額が大きい過去顧客からご提案を進める。

過去たくさんご発注いただいたお客様とは、自社のサービスに対する満足度が高かったものの、外部要因の影響により発注が困難になったケースが多いはずだ（そうでなければ長期的にご発注いただけないため）。

サービスの内容に問題がないとすれば、ただでさえ再発注確率が高いわけだから、そういったお客様にこそ再度試用顧客になっていただくことは、年間LTVを考えても相当重要である。そのため最優先で、過去のご発注金額が多い企業様から順番にお声掛けをしていく。

また、ご発注金額がほぼ同額の場合は、この項目2を確認し、「直近発注日が近いお客様」を優先にアプローチしていく。契約終了から期間がたつほど、掘り起こしの難易度が上がるためである。

過去顧客のご提案順序が決まったら、第二ステップに進む。第二ステップでは、**「過去顧客ごとに、掘り起こしのストーリーを立案」**する。このステップに使えるのは前頁項目の1、5だ。

上述の通り、営業とはつまるところ、**「いかにしてお客様にしか営業していないと思っていただけるか」**を演出することにつきる。でも口だけではだめだ。

実際にそのくらいの気合でお客様に接しているということを、しっかりと証明しなければならない。

お客様に関する圧倒的な情報量を武器に、スマートな提案を実施して、本当に大切にされているのだとお客様ご自身に実感いただかなければならない。

そのために使える情報が1、5なのだ。

BtoBサービスを提供されているのであれば、お客様が自社に来てくださったということは何らか事前に課題があったはずだ。そしてその課題を解決できると感じてくださったので、お客様は自社に発注してくださったはずである。

そこで大事なのは、**「なぜお客様は過去顧客となってしまったのか」**という点だ。過去顧客になった理由はたくさんあると思う。

そもそも事前課題が間違っていた、事前課題に対して解決施策が誤っていた、解決施策は正しかったが自社で対応しきれなかった、会社の都合で予算がなくなってしまった、などなど。

内部要因、外部要因含め、様々な原因でお客様が過去顧客になってしまう。

ここで大事なのは責任の所在を明確にすることではなく、**「なぜお客様が過去顧客になってしまったのかを正確に把握する」**という一点だ。

サービス提供がペンディングになるときに、「今回サービスを停止される理由はどういったことでしょうか」と必ずヒアリングを行い、（本音を言ってくださらないお客様も多いだろうが、その場合は推察を行いながら）過去顧客になるいきさつを「正確に」押えておく必要がある。ここをしっかりと押えておくと、後々過去顧客を掘り起こす際に、以下のようなストーリーを立案することが可能である。

- **「組織拡大に伴い、サービス内容が合わなくなった」**

↓○○様（お客様名）の声を元に、自社としても規模拡大された企業様向けのサービスを開発しました

・「課題把握が誤っていた場合」

↓○○様（お客様名）とお仕事をさせていただいたときに、課題把握が誤っていると課題解決がなされないと大変反省し、事前に社員様にグループインタビューを行う取り組みを始めました

・「予算がなくなってしまった場合」

↓○○様（お客様名）ととても楽しいプロジェクトをご一緒していたのに、サービスオーナーサイドの努力不足でコストを下げることができず、プロジェクトの継続がなされなかった点を大変反省し、廉価なサービスを開発しました

ポイントは、「今こそお客様にご利用いただきやすい理由」をストーリーに落とし込んで、明確に伝えていくことだ。

第二ステップでストーリーを立案したら第三ステップに進む。第三ステップは簡単。

「とにかく定期的に、立案したストーリーを元に提案し続ける」。以上だ。

人はコンタクトポイントが多い方が親近感がわくので、最低でも二カ月に一度は過去顧客にコールを行い、定期的に状況をお伺いすることが大切だ。

さて、きちんと顧客情報を取っていれば、上記第三ステップを完了させることで、三〜四割くらいの過去顧客を掘り起こすことは可能になるが、中には通常の提案だけだと、なかなか掘り起こしが難しいお客様もいらっしゃる。

当然、お客様が再発注してくださらないということは、自社のサービスの品質が悪かった、価格がお客様との予算にあっていなかったなどなど、様々な要因があるはずだ。

会社として提供しているサービスの納品内容にも原因があるため、自社のビジネスモデルをよく反省しなければならないのも事実だ。

とはいえ、特にベンチャーなどでは日進月歩でサービス品質が変わるわけだから、過去顧客がご利用されたときとは納品内容が別物になっているケースもままある。

過去顧客の利用内容だけで自社をジャッジされるのはとてももったいないので、サービスが改善されたと確実に言えるのであれば、多少トリッキーな技を使ってでも、過去顧客を再度試用顧客に引き上げる必要がある。

そこで使えるのは［Ｔｉｐｓ２］二三五頁の項目の２と３だ。

いつごろお仕事をご一緒させていただいたか、どのくらいの期間お仕事をご一緒させていただいたか、という情報を元にすれば、下記のようなキャンペーンが提案可能だ。

- **「過去顧客で六カ月以上ご契約をいただいたお客様限定サービス」**

↓どのくらいの期間、お付き合いをいただいたかを元に提案

- **「お付き合い〇周年（〇カ月）記念サービス」**

↓いつごろお付き合いを始めたかを元に提案

キャンペーンサービスの内容は何でもよい。ディスカウント、付加サービス、どんなものでもＯＫだ。大切なのは**「お客様との出会いの日やお仕事の期間を記念にし、オリジナ**

ルなキャンペーンを提案する」という思いやりの心である。

ただしキャンペーンの一環でディスカウントを活用し掘り起こしを行う場合、注意しなければならないことがひとつある。

「一対一・三の法則」という有名な法則がある。これは、「人が違いを実感するのは一を基準として一・三以上のギャップがあるときのみである」、という法則だ。つまり、ディスカウントをするとしても、一〇%、一五%など引いたところでお客様は違いを実感して下さらないということだ。

一÷一・三＝〇・七七、つまり、**「二三%以上のディスカウントをかけなければ、その効果は限定的となる」**、ということなのだ。ここだけ注意して、キャンペーンサービスを提案すると過去顧客の掘り起こし効果が高まる。

【Tips 3】

・お客様情報に基づいて、「個別のお客様のためだけにしか商売をしていないのですよ」というストーリーを立案し、定期的に掘り起こしを行うことで過去顧客を試用顧客に引き上げることが大切である

5

人間学は何より大切

人を導き、人を動かし、世界を変えるために

◆成功・成長の四条件

本書では、伸びる人、伸びる会社を、下記四つの特徴から捉えている。

1. 勉強好き
2. ポジティブ発想
3. 素直
4. 自責

本書では、個人・法人問わず、上記四要素を満たしていることが成功・成長の絶対条件であると考えている。上記四条件をすべて満たしている経営者がいる会社は七割成功が保証されている。

1. 勉強好き

人間は使えば使うほどよくなる頭を持っている。できるだけ頭を使うことが大切である。勉学、仕事において、他国と比べ自由選択のできる日本国において、「無知と貧乏」というのは罪である。使えば使うだけ良くなる頭を持っているのであれば、徹底的に勉強をして成長していくことは国民の責任なのだ。

2. プラス思考（理性）

人間は「理性的な意志」、「情動的な意志」、「本能的な意志」の三つで動くが、人間以外の動物は本能的な意志と情動的な意志でしか動けない。他の動物と違う、人間に唯一与えられた理性的な意志とは何なのか。

それは、悪いと思うことはやめ、いいと思うことを実行しようとする意志である。ネガティブに考えるのではなくポジティブに考える。悪いと思うことにフォーカスするのではなく、いいと思うことをいいと捉え、さらに良くしていこうとするプラス思考。これが人間として生まれた我々の責務である。

3. 素直さ（良心）

人間に唯一与えられた「理性的な意志」に感謝し、「理性的な意志」を磨くためにも、本能や情動に任せた怒り、妬みに自分の人生を支配されてはならない。人間としての人生を豊かにするためにも、悪いことはやめ、良いことはやらなければならない。理性的意思決定を通じ、与えられた「理性的な意志」を磨かなければならない。

4. 自責（自由）

人生は有限である。人生は短い。八〇年で死ぬと仮定した場合、人間に与えられた時間は生まれてから死ぬまでたったの六八万時間しかない。他人のせいにしている暇があったら、身の回りのことはすべて自分の言動が原因であると捉え、少しでも自らの成長につなげなければならない。

他人と過去は変えられない。変えられるのは自分と未来だけである。そして未来とは現在の意思決定である。つまり、変えられるのは自分自身の考え方と、現在の過ごし方に関する意思決定だけである。

他責に時間を割き、自分の貴重な人生を奪われるようなことがあっては決してならない。

あなたの人生だ。あなたが選択し行動した結果、すべてのことは起こるのだ。周りのすべてのことは自分の言動が起点となっている。これを常に胸に刻むのだ。

この四条件はいずれも、天地自然の理にかなった要素である。誰かが意図して創ったとしか思えない、完成された宇宙原理、天地自然というシステムに身を任せ、自然の理に従うことが大切である。

◆過去オール善

過去オール善とは、起こったことはすべて自分にとって必然・必要・ベストと捉え、常に前向きにことに対処する考え方である。

マーフィーも言う。思うことは実現する。だから、良いことを思う。人生に「たら・ればはない。あなたが一生懸命生きてきた、長い人生経験に基づき意思決定をしたのだ。必ずそれは正しい。あなたの過去はすべて正しいのだ。

◆富と儲け

富と儲けの違いは何か。儲けとは「収益性」である。富とは、「収益性」に加えて、「教育性」、「社会性」が乗っかったものである。それぞれの定義は下記の通り。

- 「社会性」……人を雇用すること、税金を納めること
- 「教育性」……人を社会に役立つ人間に育てること
- 「収益性」……正しい方法で利益を出すこと

現在の社会システムの上では、「富」をもたらすことができるのは企業しかない。政治も、宗教も、上記三性質がすべて満たされた組織は企業しかないのだ。

起業も、「収益性」だけの追及はいけない。儲けるだけではなく、「そこに社会性はあるのか」、「そこに教育性はあるのか」、そのほか、あなたの良心に従い、「そこに正義はある

のか」、こういったことを必ず問いただささなければならない。

※富の算出方法……自分の保有する資産マイナス儲け。最後、自分の手元に何が残るのか……

◆生成発展

松下幸之助先生もおっしゃっているが、この世の中のすべてのものは生成発展している。この世に存在するものは、社会がバランスよく生成発展するために必要であり、無駄なものはただのひとつもないのだ。それは人間も、会社も、エネルギーも、動植物も細胞もすべてである。そのため、オール肯定、オール包み込みの発想が大切である。

◆勝つための法則

ビジネスを有利に進めていくためには、勝つための法則を知っておかなければならない。勝つための法則には様々な理論が巷で紹介されているが、ここでは代表的な三つの法則を紹介する。

1. 長所進展
2. ツキの原理
3. 一番化

1. 長所進展

人も企業もその長所を発見することが重要である。どうしても短所に目が付いてしまうかもしれないが、生成発展の原理に従えば、どんな人も、どんな企業も必ず長所があるはず。長所を発見し、そこをいかにして伸ばしていけるかがとても重要である。

なお、短所と長所は表裏一体である。普段どうしても目に付いてしまう短所を、少しひっくり返してみよう。そこが長所の入り口になるかもしれない。

2. ツキの原理

松下幸之助先生も重要視する「ツキ」。ビジネスにおいても、当然「ツキ」は大切である。先ほど成功・成長の四条件の項目を押えたら七割は成功するという話があったが、ここにツキの原理を加えて考えると、成功率はさらに二五％追加され、「九五％」の確率で成功が硬いものになる。

ツクための原理は様々あるが、最も手っ取り早いのは「ツケ」られる「生き方」をすることである。「ツケ」られる「生き方」とは、他人に任せるべきことは任せるが、責任は自分で負い、自己犠牲的で、他をあてにせず、自助を建前とする「自律型の人間としての生き方」が「ツケ」られる「生き方」である。

他にも様々な生き方があるのでそれぞれにあった、「ツケ」られる「生き方」を模索して欲しい。

3. 一番化

これは言葉の通りである。何でも一番にならなければ意味はない。二番とビリは同じである。一番以外は何の価値もないと認識すること。

そもそも一番になろうという発想をもたなければ、どんな戦であろうが勝てるわけがない。勝てば官軍である。勝って一番にならなければ何の意味もない。

◆包み込みの発想と圧縮付加法

・包み込みの法則

生成発展の原理に基き、すべての要素は包み込む発想が大切である。これは人間が人生を生きるうえでも大切であるが、企業が競争に打ち勝つためにも大切な発想である。

例えばA社という会社があって、B社、C社がコンペティターだとする。そのとき（A社が業界トップクラスの企業であるという強者の前提に立つと）、B社、C社にあるサービスをすべて包み込んだ上で、A社にしかないサービスを提供すれば必ず勝てるのだ。

・圧縮付加法

圧縮付加法とは、「器は変わらなくとも、その器に詰める内容物を圧縮すると、その器そのものの付加価値があがる」とされる法則である。

これは企業であればドン・キホーテの店舗のような圧縮陳列をイメージするとよい。あるいはキオスクなどもわかりやすい。また人間であれば、一〇〇の仕事がさばける器の人間に対して一二〇の仕事をさばくように指示することをイメージするとよい。

同じ器でさばく仕事が増えれば、人は必死に仕事を片付けようと死力を尽くす。仕事量が同じならば、人でも企業でも、その仕事に取り組んでもよい時間を削ることで、圧縮付加法が活用できる。器を気遣いすぎてはならない。器で内容物を決めるのではなく、器に入りきらない内容物を器に徹底的に詰め込むからこそ、付加価値が上がるのである（もちろん、明らかなやりすぎはよくない）。

◆成功するための癖付け

成功するための条件は前述の通りだが、成功するための条件を満たすための癖を以下に紹介する。全部で五つある。

1. 学び癖
2. 働き癖
3. 自主癖

4. 素直癖
5. プラス発想癖

1. 学び癖

知らないことを知ろうとする癖である。新しいものを知るときに、知ろうとするか、そっぽを向くかの違いである。「無知と貧乏は罪」である。

2. 働き癖

よく働くこと。とにかく働く。倒れるくらい、働いて、働いて、働くこと。働かないものに長期的成功はありえない。

金融で儲かった、FXで儲かった、宝くじが当たった、などといって短期的成功に甘んじる人もいるだろう。上場したストックオプションで大儲けしアーリーリタイヤした人もいるだろう。

そんな人間は無視しなさい。働かないでのうのうとしている人間は偽者である。人はこの世に生を受け、仕事を通じ自らの心を、生き様を磨くために生きているのだ。お金が目的になっては決してならない。とにかく働き続けること。

3. 自主癖

人間には二種類いる。ひとつは決して自分では責任を取りたくないタイプ。もうひとつは自分から積極的にリスクをとってでもやりたいことをやるタイプ。目指すべき、身につけるべき癖は当然後者である。

4. 素直癖

明らかな誤りは別として、わからないことはどんなことも否定しないことである。人の言うこと、見るものを何でも素直に受け入れる。自分の想像を超えるものすらも受け入れる。生成発展の原理に従い、「目の前のものすべてを包み込む素直な心」が大切である。

5. プラス発想癖

人間の思いはすべて実現する。強く念じればそれが早く実現する。この世の中のすべてのものは、人間の思い、無謀とも思える壮大な夢から始まっている。

ピンチにおかれたら「自分らしくない」と思うこと、チャンスがきたら「さすが私」と思うこと。目の前のすべてのものをポジティブに発想すること。

◆企業と経営

企業の経営を考える上で、企業の業務、経営の業務を体系的に整理することが大切である。起業すれば当然に経営者クラスとの商談が多くなるため、企業経営にある程度明るくなければならない。

・企業のあり方

企業を運営するに当たり、まず固めなければならないことは「企業のあり方」である。これは「経営理念」という言葉でも言い換えられる。すなわち、「その企業を通じて何がしたいのか」、「その企業の代表者として、なぜそれがしたいのか」、という点を固めることである。

また、マクロの理念が固まったら、「どんな人生観を持つ人の多い会社にしたいのか」、という「企業のあり方」、「仕事へのあり方」を定義しておかなければならない。

・企業とは環境適応業である

ダーウィンの進化論にもあるとおり、変化と接したとき、強いものが生き残るのではなく、スキルのあるものが生き残るのでもない。**「変化に対応できるもの」**のみが生き残るのである。企業も然り。強い企業が生き残るのではなく、大きい企業が生き残るのではない。「変化に対応できる企業」のみが生き残るのである。

その意味では、企業とは「環境適応業」であるとも言える。企業は内部環境、外部環境の二つの環境と接点を持つ。

外部環境には、「時流適応」を当てはめ、常に、そのときそのタイミングに適した経営がなされているかどうかを判断する。

また内部環境には、前述した一番化を適用し、人・モノ・金・情報・技術を生かし「どこで一番になれるか」を判断する。

環境適応業たる企業は、内部・外部を見極めながら、経営を行っていかなければならない。内部・外部環境に合わせ、自社の今後の戦い方を決めること、これこそが、「経営戦略」である。

・経営の構成要素とは詰まるところ、「経営理念＋マーケティング＋マネジメント」である

前述の通り企業の運営には理念が欠かせない。ただし、理念があるだけで中身を伴わない組織ではいけない。「あり方」を常に追求しながら、「あり方」を実現させるための仕組みが必要である。

その仕組みが「マーケティング」であり、「マネジメント」である。企業理念を実現させるための経営のポイントとは詰まるところ、「マーケティング」と「マネジメント」の仕組みに一貫性があり、合理性があり、社会性を持つ組織を創るということにつきる。

・マーケティングとは「セリングを不要にする行為」である

経営の重要な仕組みであるマーケティング。これは簡単に言うと、「セリングを不要にする行為」である。「無理な売り込みをしなくても売れる」、「無理なＰＲをしなくても売れる」、理想的な企業のセールスのあり方とは、こういったものである。

・マネジメントとは、「マネジメントを不要にする仕組み創り」である

マーケティングに加え、経営の重要なもう一つの仕組みであるマネジメント。これは、「マネジメントを不要にする仕組み創り」を指す。

禅問答のようだが、この通りである。人は管理された組織下よりは、自らが自由に意志決定できる環境におかれた方がより高度なパフォーマンスが実行される。とはいえ野放しにしては組織としての一体感は出せない。

組織として機能するためのルールも必要であるし、評価・報酬制度も必要である。またルール違反者の行動改善を促すためのペナルティも必要である。

かといって、一つ一つの細かい行動を規定することにマネジメントが時間を割いては、いつまでたっても何の生産性も生み出さない。

マネジメントはこのように、「自由意志を持つ組織」と「統制の効いた組織」という矛盾する要素を化学反応により同居させ、「マネジメントをせずとも、ルールに遵守しながら共通の理念を実現させられる自由な組織」の構築を目指していかなければならない。

・マネジメントの仕事は、「自らの存在を不要にしても回る仕組みを創ること」である

マネジメントは、常に「自分の仕事をどうすれば部下に任せられるのか」という問いをせねばならない。世の中には、①できる仕事、②できない仕事、③やるべき仕事、④やるべきでない仕事、以上四つの仕事しかない。

マネジメントは、できる仕事をすべて優先的に部下に任せ、「今はできないが本来やるべき仕事」の幅を広げていくことが大切である。自分がいなければ回らないという組織は、マネジメントとして最も恥ずべき組織と認識しなければならない。

・マネジメントの成功のポイントは詰まるところ、「賞と罰」である

マネジメントの成功のポイントは、詰まるところ「賞と罰」である。賞は人を動かし、罰は人をただす。人を動かすときには一貫して「賞」を掲げ、人をただすときには徹底的に「罰」を下す。

間違っても「罰」で人を動かしてはならない。間違っても「賞」で人をただしてはならない。

また、ともに口だけでは駄目である。「賞と罰」には、必ず「実行」が伴わなければならない。人間は弱い。設計した「賞と罰」が機能しないことで、人間はマネジメントを見くびる。結果、マネジメントが弱い人間の管理に時間を割かれ、マネジメントの負荷が上がり、効率が悪くなる。

マネジメントは「賞と罰」の仕組みが粛々と実行される組織風土を創らなければならない。

◆組織とリーダーシップについて

1. 組織と家族（コミュニティ）の違い

我々は組織の一員である。企業として存続する限り、家族とは違う。私たちは家族的な組織であったとしても、家族（コミュニティ）であってはならない。

家族（コミュニティ）は維持機関であり、そこに「存在」するものである。

組織とは変革機関であり、また組織とは、共通のビジョンに沿って自ら「行動」するものである。

組織は人を引きつけ、引き留める。人を認め、報い、動機づける。そして彼らに仕え、満足させる。

人を引きつけ巻き込むすべての根源・エネルギーは、**「組織が共通に目指す成果」**である。

我々は家族であってはいけない。「家族的」であったとしても、組織の一員でなければならないのだ。

2. 組織の成果

組織の成果は、常に「組織の外部」にある。**組織の内部にはコストしかない。**

組織の共通目標を達成する成果は必ず外部にあり、良い組織ができたから良かったね、では何の意味も成さない。決して自己完結的になってはならない。

良い組織を創り、その組織を通じて「**組織の外部に成果をもたらす**」こと。これこそが組織の存在意義であり、真の貢献である。

3. 伸びる組織であるために

伸びる組織は、自らの内に、自らが行っているすべてのことについて、「**体系的廃棄**」を組み込む。「体系的廃棄」は「建設的自己否定」、「創造的破壊」とも近しい言葉である。

伸びる組織は常に、「もし今、この仕事を行っていなかったとして、これまで仕事を通じてわかっていることすべてを知りつつ、なおかつ、この仕事を始めるか」と問う。

この検証を受け、その上で、「それでは、いま何を行うべきか」と問うのだ。

伸びる組織は、その行うことすべてについて、常に絶えざる改善をしなければならない。

伸びる組織は、既に成功しているものについて、新たな展開をしなければならない。

伸びる組織は、イノベーションを行わなければならない。

そのためにも伸びる組織は、体内に「体系的廃棄」を組み込まなければならないのだ。

4. 成果を出す

自らの成果を上げるためには、以下の五点に注意をしなければならない。

①時間を管理すること
②貢献に焦点を合わせること
③強みを生かすこと
④重要なことに集中すること
⑤成果をあげる意志決定をすること

5. 知識の生産性を向上させる

組織の行動の源泉、「知識」の生産性を向上させるためには、以下四点を留意しなければならない。

①目標を高く掲げる（知識のあるべき姿をどこに置くか）
②焦点を絞る（何の知識を身につけるのか）
③変化の機会を体系的にとらえる（さらなる発展に向け、今の知識をどう変えていくべきか）
④長期と短期のバランスを図る（短期的にも長期的にも知識を維持する）

◆雑事を排除する

仕事の生産性を高めるために、とりわけ重要なのが焦点を絞ることである。焦点を絞るためには「雑事をすべて排除」しなければならない。

雑事を排除するために、我々は常に次の問いかけをしなければならない。

今あなたが行っている仕事は、

①本来の仕事か
②本来の仕事に必要か
③本来の仕事に役立つか
④本来の仕事がやりやすくなるか

いずれにも当てはまらない仕事はすぐに他の組織に切り出さなければならない。

アウトソーシングサービスが事業拡大を続けるように、二一世紀型の組織は、常に他の組織とコラボレーションする（拙著『レジリエンス経営のすすめ』参照）。本業に集中するために必要のない雑事はすべて切り出さなければならない。

◆真摯であるか

知識を身につけることはできる。生産性を上げることはしかるべきことを継続して行えばたやすい。

ただし「真摯さ」を身につけるのは大変難しい。そしてポスト資本主義社会においては、「真摯さ」こそ、すべての競争優位性の源泉となる。

ポスト資本主義社会、知識が中心となる社会においては、人が中心となる。**知識は常に人の中にある。**そのため人が中心となり、資本が手段となる。

従来の金融資本主義とは違う。資本が労働を、人を管理する時代は終焉を迎えるのだ。

知識とはいうまでもなく、人類社会の進歩と調和に貢献するものであるべきだ。

その知識を司るものに「真摯さ」がなければ、人類社会の進歩と発展は臨めない。

そのためにも私たちは真摯さを身につけなければならない。真摯さは容易に習得できない。真摯さはごまかしがきかない。一緒に働けば、特に部下はその人間が真摯であるかどうかは数週間でわかる。

ともに働くものが真摯であるかを確かめるために、この質問を常に問いかけよう。

「自分の子供をその人間の部下として働かせたいと思うか」

練習問題

- あなたは友人と共に事業を立ち上げた。三年間は順調に事業が軌道に乗ったのだが、友人の能力が及ばず邪魔に感じ始めている。どうするか答えよ。
- あなたが心から信頼していた腹心が会社を辞めたいと告げてきた。どうするか答えよ。

●あなたが中途で採用した取締役が、社長の給与が非常に高く、経費は無駄が多いと指摘してきた。給与をあげなければ顧客を持って独立すると宣言してきた。どうするか答えよ。

●創業メンバーと仲良く経営を行ってきたが、思った以上に事業の成長速度が速く、対応するために非常に優秀な中途人材を採用した。すると、中途人材と創業メンバーの仲が非常に悪くなった。あなたならどうするか。

●創業間もない頃にお世話になっていたコンサルタントが、あるときから支払っている報酬以上の成果を出さなくなってきた。とはいえ、創業間もない頃の顧客資産はすべてそのコンサルタント経由で案件化したものである。あなたならどうするか。

おわりに

本書は起業をテーマにした本なので、起業をしたい人か、起業をして悩んでいる人が読むことを想定し、できる限りライトに書くか悩んだが、やはりやめた。

起業したい人に起業の大変さを伝えないとウソになるし、起業して悩んでいる人に他責思考を植え付けるのは、犯罪的行為だと考えたからだ。

起業の世界は、良くも悪くも自己責任。郵便ポストが赤いのも、空が青いのも起業家の責任。一歩踏み入れれば、他責無用、すべての結果は問答無用の自己責任とし、受け入れ、飲みこんでいかなければならない。

起業して大変な状況にある方に、「きっとうまくいく」と、無責任に声をかけるのは簡単だ。起業したいという人に、「あなたならできる」というのも簡単だ。

でも、それで何が変わるのか? すべてを自己責任で処理され、常に自分が回答を導かなければならない環境において、根拠なきエンカレッジ(励まし)に何の価値もないだろう、と著者は思う。そんなことをする暇があるなら、一分一秒を惜しむ起業家（候補）に、自らの回答を導きだすヒントを与える方が、よほど社会のためになろう。

そんな思いで本書を書いた。練習問題の解答をあえて記載しなかったのも、それが理由だ。答えがない世界。それが起業だ。

日本人は答えがある前提のテスト（問題）に慣れすぎている。答えのない世界で、答えを創りだすことが起業の世界だ。

答えの提示されない練習問題に自らの知力で取り組むことが、起業の第一歩だとご理解いただきたい。

さて、本書が世に出るまでも、たくさんの方にご支援をいただいた。ここに記して感謝したい。

まず、日々公私ともに大変お世話になっているビジネスパートナーの原久子先生、そして、原先生のご紹介で、迅速に本書を世に出す決断をいただいたＫＫロングセラーズの真船美保子社長に、心から感謝をしたい。お二人がいなければ間違いなく本書は生まれなかった。

また、本書のコンテンツのベースとなる題材を部分的に拠出いただいた泉満信社長、社会保険まわりの細部を最新版にアップデートしてくれた田中啓介君にも深く感謝申し上げる。
そして、ビジネスの世界で著者がこれまでかかわらせていただいた起業家、および起業家のたまごの皆様。皆様のご協力がなければ、本書が世に出ることはなかった。
この場をお借りし、重ねて感謝申し上げたい。

すべてが自己責任の世界で育った起業家は強い。なぜならば、逃げずに結果を飲み込む辛さを知っているからだ。結果を飲み込む辛さが分かる起業家は優しい。なぜならば人の痛みが分かるからだ。加減の分かる起業家が増えれば、世界が緩やかに和んでいく。
本書を通じ人の痛みが分かる起業家が増えることで、社会が今よりも少しだけ優しくなれれば、著者冥利につき、望外の喜びである。

金木犀の芳香香る秋の都心にて。

二〇一七年九月三〇日

時給800円のフリーターが
3年で年収1億円に変わる起業術

著　者　　松田　元
発行者　　真船美保子
発行所　　KK ロングセラーズ
　　　　　東京都新宿区高田馬場 2-1-2　〒 169-0075
　　　　　電話（03）3204-5161（代）　振替 00120-7-145737
　　　　　http://www.kklong.co.jp

印　刷　　中央精版印刷（株）　　製　本　（株）難波製本

ISBN978-4-8454-2410-8　Printed In Japan 2017